KB165784

THE
FIRST
100
DAYS

전략
strategy
◆ 01

THE FIRST 100 DAYS

바이든의 첫 100일

인수위와 첫 100일의 기록, 10가지 레슨

플랫폼9¾ · 안목 기획   김민하 유민영 이인숙 공동연구

글항아리

다양한 서사를 소개하는 인터뷰 섹션 '김지수의 인터스텔라'는 얼마 전 영국의 사회철학자 찰스 핸디를 병상 인터뷰했다. 기사의 소제목은 '누구를 도왔나, 무엇을 배웠나'다. 전략 컨설팅을 하는 '플랫폼 9와 ¾'(이하 9)은 "We are Narrative Makers"라는 모토를, 인재 연결 서비스를 제공하는 '안목'은 "좋은 사람을 보는 눈"이라는 모토를 갖고 있는데 "무엇을 배웠나, 누구를 도왔나"로 순서를 바꿔 붙이니 하는 일이 더 명료해졌다.

캠페인과 리더십, 전략과 메시지, 커뮤니케이션과 조직 문화에 대해 연구하는 '9'와 '안목'은 공부하고 연구한 것을 '원천 콘텐츠'라 부르고 일과 삶의 전략을 고민하는 분들에게 공유하려고 한다. 전체 팀이 달라붙어 오래 준비한 『리더십 캠페인』 번역서가 두 번째 책으로 밀리고 이 책이 먼저 나오게 된 것은 재미난 일이다.

도널드 트럼프 대통령 이후 미국 정치와 제도의 판타지는 끝났고 안전한 정치와 노련한 행정을 하는, 제일 되기 어려울 것 같았던 조 바이든이 미국의 46대 대통령이 되었다. 새로운 내각의 25명 전체의 사진을 담은 표를 보았을 때 우리는 비로소 '미국을 닮은' 정부를 만날 수 있었다. 미국 브루킹스연구소는 생중계하듯 홈페이지를 통해 다양하고 입체적으로 인수위와 새로운 정부를 다루었다.

기업과 경영진의 새로운 출발을 돕기 위해 '첫 90일The First Ninety Days'을 제공하는 9는 2021년 김민하 연구원을 중심으로 연구를 시작했다. 판타지가 사라진 시간의 미국 행정부는 어떤 모습을 띠게 될지 궁금했고 그 모습을 '첫 100일'을 통해 그려보고 싶었다. 2021년 3월 1차 리포트를 냈다. 9는 좋은 영감을 얻었고 기업에 여러 제안을 할 수 있었다. 스타벅스 창업가 하워드 슐츠의 복귀 24시간 작전, 디즈니를 떠난 밥 아이거의 엔

딩 서사 등과 연결되어 연구와 자문 성과로 이어졌다.

선거 캠페인이 끝나면 정부 캠페인이 시작되는데 바이든에 대한 기대는 오래가지 못했다. 거대한 가속도가 붙은 변화를 끌고 가기에 바이든 대통령은 느리고 불분명했다.

잊고 있다가 올해 대통령 선거가 끝나갈 무렵 리포트가 생각났다. 어느 정부가 탄생하든 의미 있다고 여겨 보강판을 만들기로 했다. 자체 발행을 며칠 앞두고 소책자로 내도 좋겠다고 생각했다. 글항아리에서 흔쾌히 동의해주었고 원고를 넘긴 날 바로 디자인을 시작해주었다. 동시에 원고를 고치고 인수위를 연구한 이경은 박사에게 인수위와 '첫 100일'의 의미를 말해줄 원고를 부탁했다. 급히 내게 되어 부족하지만 이런 차원의 고민을 공유하는 것도 좋겠다 싶어 이 책을 출간하게 되었다.

출판의 타이밍은 늦었다. 인수위도 거의 끝났고 더군다나 예상했던 새로운 정부의 과정도 모습도 아니다. 기후변화, 디지털 트랜스포메이션, 팬데믹 등 엄청난 변화의 시기에 한국은 구조적으로 균열되고 있고 권력의 이양과 인수는 매끄럽지 않다. 이준석 국민의힘 당 대표와 박지현 민주당 비상대책위 공동위원장은 구질서를 대체하지 못하고 새 질서를 대표하지 못한다.

신구 권력이 '양패구상兩敗俱傷'에 이를 가능성이 높지만 또 어떤 정치와 기업에게는 특별히 참조가 되고 도움이 될 수도 있다고 생각한다. 더군다나 가치와 명분이 중요하고 팬덤과 욕망이 교차하는 시절에 캠페인이라는 방식은 아주 중요한 방법론이자 도구이기 때문이다. 특히 새로운 변화를 추구하는 사람들에게 작은 나침반이 되기를 바란다. 미국의 32대 대통령 프랭클린 루스벨트가 '첫 100일' 계획을 세운 이후로 정치, 정부, 기업, NPO 영역 그리고 성장을 바라는 모든 개인에게 매번 새로운 위치와 지위, 새로운 전략과 계획이 필요하기 때문이다.

다른 정부와 기업의 사례를 덧붙이려다 접었다. 가장 근래에 벌어진, 교과서 같은 '첫 100일'을 온전히 조망해보는 것이 더 유의미하리라 판단했기 때문이다.

올해 9와 안목은 리더십 캠페인, 가치 기반 CEO 브랜딩, 인생 전략, CEO 플레이북 등에 관한 책을 내려고 한다. 함께 공부해주시길 바란다. 이것이 우리가 흔들리는 시대에 일하는 방식이다.

2022년 3월 인왕산 자락에서
플랫폼 9와 ¾, 안목에서 일하는 사람들

인수위는 결정한다

1987년 헌법은 중요한 두 가지 결단을 내렸고 우리는 그 레짐regime 하에 살고 있다.

하나는, 다시는 장기 집권이 이 나라의 민주주의를 해치지 못하게 하겠다는 것이다. 이 열망으로 국민이 대통령을 직접 뽑는 직선제와 연임을 막는 '5년 단임제'를 선택했다. 즉, 이 나라의 대통령직은 누구라도 단 한 번 5년밖에 하지 못한다.

나머지 하나는 현직 대통령이 임기를 마치기 한참 전(70~40일 전) 차기 대통령이 결정되도록 명시했다는 것이다. 5년 단임제는 필연적 단절성을 내포한다. 당선인이 대통령직이라는 거대한 사명을 감당하고 국정의 연속성을 담보하려면 충분히 준비할 수 있는 시간이 꼭 필요했다. 이 기간은 이제 우리에게 67일의 정권 인수 기간이라는 이름으로 익숙해져 있다.

이런 기간을 갖는다는 자체가 민주 제도가 안정된 국가라는 증거다. 국민투표를 통해 정기적으로 정권을 심사하고 판단하며 국정을 이끌 최고 책임자를 교체하면서 안정적으로 정치체제를 유지해나갈 수 있다. 그 자체로 자랑스러워할 만하다. 35년 전만 해도 꿈같은 일이었다.

기억에 쌓이는 반면교사와 집단적 배움

—

각 나라의 정치체제는 우리의 상상을 뛰어넘는 다양성을 보여준다. 같은 대통령제라고 불리더라도 제각각이다. 미국은 대통령제의 발명국이고, 우리와 가장 비슷하다. 233년간 46명의 대통령이 바뀌는 동안, 미국에서도 두 달 반 정도의 정권 이양기transition period에 대해서는 정해진 틀 없이 대체로 대통령 개인의 특성에 맡겨놓았다. 이 시기가 중요해진 계기는 미국이 국가적 위기에 처한 데서 비롯됐다. 프랭클린 루스벨트, 존 F. 케네디, 로널드 레이건, 버락 오바마 등 대통령직이 바뀌는 시기를 국가적 위기 상황으로 보고, 이 시기를 최대한 효과적으로 보내고자 했던 사람들이 이를 점차 법과 제도로 만들어왔다.

그에 비해 한국의 민주주의는 젊다. 김영삼, 김대중, 노무현, 이명박, 박근혜 다섯 명의 대통령 당선인이 인수 기간을 어떻게 보냈는지 동시대인들이 기억하고 있고, 그 공과를 평가할 수 있다. 19대 문재인 대통령은 궐위 상태인 대통령직을 수행하기 위해 당선인 신분을 거치지 않고, 바로 대통령으로 취임했다.

지난 시기를 되돌아보았을 때, 대통령 당선인과 그 인수 과정에 대한 국민적 관심은 취임 후보다 높았다. 그 시기에 대한 한국 국민의 집단적 기억이 쌓여가면서 배움으로 남았다. 어떤 장면이 성공한 대통령의 기억으로 남는지, 어떤 행보가 실패의 징조였는지 어느 학자와 평론가보다 잘 알고 있다.

———

미국은 인수 과정에 대한 법과 제도를 발전시키고 모범 사례를 쌓아왔다. 오바마는 최대 수혜자였다. 워싱턴의 정치 평론가와 콧대 높은 싱크탱크들로부터, 워싱턴 정가의 초보자라는 수식어를 떼고, 프로페셔널한 대통령직 준비의 대명사가 되었다. 8년 후 트럼프는 이미 정교하게 짜인 정권 인수의 공식을 다 무시해버렸다. 법제화되어 있는 만큼 형식적으로 따르는 시늉은 했으나, 실제로는 재앙 수준이었다.

다시 4년이 지난 후 바이든은 중환자가 가득한 병원 응급실에 새벽에 불려나온 경험 많은 의사처럼 워싱턴으로 돌아왔다. 대통령 빼고 온갖 고위직을 다 해본 노정치인은 당선인의 환희 같은 것은 이미 초월한 상태였다. 그는 휴가에서 복귀한 듯 대통령직을 수행하기 시작했다. 많은 대통령이 취임 초기 전임자의 흔적을 지우는 것으로 자신의 가치와 정책 노선을 부각하려 했지만, 바이든은 이미 그런 정치적 제스처에는 별 관심이 없어 보였다.

'첫 100일'이라는 '레토릭'은 대공황으로 국가 파산 위기 와 중에 대통령직에 오른 루스벨트로부터 시작한다. 이후 위기를 극복하는 리더십이라는 상징성을 갖게 되었다. 대통령직의 인수인계라는 상황 자체가 위기다. 국정의 연속성을 보장하면서 필요한 개혁을 밀어붙일 수 있는 기간은 그리 길지 않다.

코로나19가 전 세계에 끼친 영향은 제2차 세계대전에 비길 만하다. 전 인류가 이 정도로 공통의 경험과 기억을 갖게 된 사건은 없었다. 이 전염병은 북반구에 더 큰 영향을 미쳤다. 제1·2차 세계대전과 베트남 전쟁 등 주요 전쟁에서 사망한 미군 전사자를 다 합쳐도, 1년 동안 코로나로 잃은 생명이 더 많다. 전대미문의 위기 상황에서 대통령이 임기 '첫 100일' 동안 어떤 비전을 제시했고, 어떤 정책을, 어떤 우선순위로 추진했으며, 어떤 메시지를 미국 국민과 전 세계에 어떤 방식으로 던졌는지 기억하고, 다시금 그가 직위를 떠날 때 그 유산legacy은 어떻게 되었는지 잊지 말고 연결해보아야 한다.

21세기에 대통령직은 신화가 아니라 논리가 되어야 한다. 정치 과정과 정책 과정 사이에서 정교한 줄타기를 하는 최고의 전략이 필요하다. 데이터와 증거에 근거한 판단과 선택이 필요하다. 대통령직에 있는 사람이 이런 선택을 하게 하려면, 국민이 알아야 한다. 지켜보고 기억하고 판단해야 한다. 그 작업을 시작해보자.

이경은

『대통령의 성공, 취임 전에 결정된다』 저자
제16대 대통령직 인수위원회 행정관
헨리 스팀슨 센터 연구원

차례

분석 _101

한눈에 보기
: 10가지 발견

‘첫 100일’은 대통령, CEO 등 새 리더십의 성패를 좌우하는 결정적 시간이다. 국가적 위기일수록 중요성은 더 부각된다. ‘첫 100일’은 당초 미국을 대공황에서 구하기 위한 루스벨트의 100일의 조치에서 시작됐다.

조 바이든의 ‘첫 100일’에 대한 기대가 컸던 것도 그만큼 미국의 상황이 심각했기 때문이다. 코로나19 팬데믹과 경제위기, 대선 불복 및 전대미문의 의회 점령 사태를 둘러싼 극심한 정치 분열이 복잡하게 얽혀 있었다.

'첫 100일'이 국민이 새 리더십을 만나는 '진실의 순간Moment of Truth'이라면, 정권 인수 시기는 '진실 이전의 순간Zero Moment of Truth'이다. 어떻게 준비하느냐에 따라 '첫 100'일을 다르게 만들 수 있는 결정적 준비의 시간으로, '첫 100일'만큼 중요하다.

정권 인수는 한 국가의 리더십이 한날한시에 교체되는 복잡하고 막중한 일이다. 정권이 바뀐다고 국가 안보나 정부 기능에 작은 틈도 허용할 수 없다. 이를 위해 인수위는 두 달 남짓 짧은 기간에 엄청난 일을 해내야 한다.

핵심은 새 정부를 위한 인선을 하고 정책 액션플랜을 설계하는 것이다. 미국에서 정부가 바뀌면 약 4000명의 인사 지명을 새로 해야 한다. 이 중 1250명은 상원 인준까지 받아야 한다. 인수위는 대선캠프와 달라야 한다. 대선캠프가 새로운 공약과 과제를 제시하고 당선을 위해 움직인다면, 인수위는 정확한 '재고 조사'를 하고 공약을 정책으로 고안해내기 위한 실질적인 매뉴얼을 만들고 타임라인을 짠다.

바이든 정부가 취임 첫날부터 선제적으로 업무에 돌입할 수 있었던 것은 '진실 이전의 순간'에 겉으로 드러나지 않는 많은 준비를 했기 때문이다. 바이든 인수위는 전임 대통령의 선거 불복과 인수위 지연 등 정치적 상황에 휩쓸리지 않고 차분히 할 일에 집중했다. 또한 대선 10개월 전부터 인수위를 준비했다.

그 결과 바이든 인수위와 바이든의 '첫 100일'은 역대 대통령 중 가장 철저히 준비했다는 평가를 받았다. 적잖은 성과도 있었다. 바이든은 기록이 시작된 이래 '첫 100일' 동안 가장 많은 일자리를 창출한 대통령이기도 하다.

그러나 2022년 2월 27일 취임 1년을 맞은 바이든 정부에 대한 국민의 평가는 차갑고 까다롭다. 폴리티코의 조사 결과 37퍼센트가 1년 평가 낙제점을 주어 역대 대통령 중 가장 낮았다. 억울할 수 있다. 바이든이 마주한 미국의 현실은 대공황 이래 가장 혼란스러웠다. 그토록 준비를 거듭했는데도 바이든이 놓친 것은 무엇일까.

이 책은 바이든 초기 정부를 인수위 준비, 인수위 출범, 취임, 취임 후 100일의 4단계로 나누고, 단계별로 바이든 팀이 한 일과 특징을 정리하고 세부 사항을 기록했다. 이를 토대로 인수위와 '첫 100일'을 위한 10가지 원칙을 도출했다.

'첫 100일'과 '진실 이전의 순간'은 대통령에 국한되지 않는다. 신임 장관, CEO 등 새로운 자리를 맡거나 조직을 꾸려야 하는 수많은 리더에게도 적용된다. 바이든의 '첫 100일'의 여정을 살펴보는 일은 새로운 리더와 리더를 돕는 팀에게 유의미한 통찰과 기록이 될 것이다.

1. 준비를 위한 준비, 인수위도 준비해야 한다

바이든은 '준비를 위한 준비'에 철저했다. 바이든은 후보로 확정되기 전부터 인수위 팀 구성을 고민했다. 덕분에 인수위는 여름부터 인선과 정책 검토에 착수할 수 있었고 선거 이후 트럼프의 선거 불복에도 불구하고 인수 과정에 집중할 수 있었다.

이는 바이든이 가진 강력한 레거시 덕분에 가능했다. 행정부 경험, 검증된 인재 풀, 정계 인맥까지 바이든은 자신의 모든 레거시를 동원해 인수 과정을 구성했다. 바이든은 전례 없이 혼란스러운 인수 과정을 잘 관리할 수 있는 최적의 인물이었다.

2. 뾰족한 우선순위를 세우고 일관되게 반복하라

———

대선 후 미국의 가장 심각한 위기는 정부와 정치에 대한 신뢰의 붕괴였다. 바이든은 신뢰 회복을 위해 명확한 일곱 가지 우선순위를 뽑고, 이를 공개적으로 선언하며 반복적으로 상기시켰다. 비전을 일관성 있게 말과 행동으로 반복해나가는 것은 거버넌스의 안정성과 신뢰를 회복하는 방법이다.

3. 위기해결형 인선을 핵심 원칙으로, 변화는 상징적 1호로

———

인사는 곧 정책이다. 바이든은 백악관과 정부를 구성하면서 전문성 중심, 위기 해결을 인선 원칙의 핵심으로 두었다. 동시에 몇몇 상징적인 '1호' 인사를 잘 활용해 변화를 보여줬다. 인선의 원칙은 실용적으로 세우고 변화는 상징적으로 보여주는 전략은 효율적이다.

4. 계획과 준비를 보여주는 것도 액션이다

———

당장 가시적 성과를 내놓을 수 없다면 실행을 위해 무엇을 검토할 것인지, 무엇을 계획하고 준비할 것인지를 보여주는 일도 중요한 액션이 된다. 특히 철저한 리뷰는 그다음 스텝을 위해서 필수적이다.

5. 취임식과 집무실까지 상징적 장면으로 연결하라

———

취임식은 '진실의 순간Moment Of Truth, MOT'이다. 바이든 팀은 치유와 통합의 메시지를 보여줄 몇 가지 상징적 장면으로 취임식을 기획했다. 비대면 이벤트의 시대에 상징적 장면의 설계는 필수적이다.

6. 통제·예측 불가의 시간일수록 기대치를 조절하라

—

정치에 대한 신뢰가 바닥인 시대에 국민은 쉽게 분노하고 실망한다. 통제와 예측이 불가능한 상황에서 기대를 키우면 남는 건 실망뿐이다. 팬데믹과 경제위기, 정치적 분열의 한복판을 지나던 바이든의 100일 동안 약속은 넘쳐났고 또 유예됐다. 안갯속 리더는 약속을 절제하며 기대치를 조절할 줄 알아야 한다.

7. 속도와 실행력이 우선한다

—

신중하고 꼼꼼한 것은 바이든의 큰 미덕이었다. 그러나 코로나19 등 유례없는 위기 국면에서는 빠른 결정, 기민한 실행, 유연한 대처가 더 필요한 능력이었다. 인수위 기간에 잘 준비한 좋은 정책이 제대로 효과를 보려면 새로운 실행능력을 갖춘 조직 설계가 필요하다.

8. 쉽게 경험의 함정에 빠진다. 레거시를 넘어서라

참모들의 표현을 빌리면 "바이든은 79년 내내 이렇게 해왔다". 풍부한 경험을 담보하는 바이든의 '50번째 1년'은 강점인 동시에 단점이 되었다. 바이든의 정통 정치는 예측 불가능한 분열의 시대와 끊임없이 충돌했다. 바이든이 해왔던 방식으로 되돌리는 것은 '노멀'이 아니다. 뭘 해야 할지 확실히 안다고 생각하는 순간 경험의 함정에 빠진다.

9. 커뮤니케이션은 대통령의 책무다

바이든은 전직 대통령에 비해 커뮤니케이션을 많이 하지 않는다. 전임 오바마는 물론 트럼프보다 적다. 바이든은 '과잉준비형'이라는 평을 듣는다. 연설문도 마지막 순간까지 수정을 거듭한다. 그 결과 바이든은 커뮤니케이션에 시간을 할애하기보다 실제적인 일을 하는 데 더 집중하는 경향을 보였다. 그러나 국민을 설득하고 이해시켜 신뢰를 얻는 힘은 메시지를 반복하는 데서 나온다.

10. 인정하라. 분열과 불신은 디폴트다

선거 기간에 바이든은 끊임없이 분열된 나라를 통합하겠다고 약속했다. 그러나 1년이 지난 지금, 양측은 서로를 더 미워한다. 바이든은 당선 당시 지지율이 51퍼센트였다. 미 국민의 절반은 이미 그를 싫어했다. 간극은 더 커졌다. 바이든이 부단히 시도한 협치 모델은 잘 돌아가지 않았다.

'첫 100일'은 중요할 겁니다.
그러나 아마 실제 변화를 만들어내는 것은
'첫 1000일'일 테죠.

_ 버락 오바마, 2008

이 모든 것이 첫 100일 안에
끝나지는 않을 겁니다.
1000일 안에 끝날 수도 없죠…
어쩌면 이 지구상 우리의 생애 안에서
끝날 수 없을지도 모릅니다.
하지만 우리, 시작해봅시다.

_ 존 F. 케네디, 1961

'말도 안 되는 기준인 첫 100일' 동안
내가 얼마나 많은 것을 성취했건 간에,
(그리고 실제로 내 성취는 많았는데) 미디어는
다 무시하겠지!

_ 도널드 트럼프, 2017

'첫 100일'의 네 단계

상황과 조건

2021년 출범한 조 바이든 정부가 마주한 난관은 심각하고 다층적이었다. 폴리티코는 "대공황 이후 가장 어려운 정권 인수가 될 것"이라 표현했다. 우선, 50만 명이 사망한 코로나19 팬데믹과 경제위기를 극복해야 했다. 또한 대선 결과와 의회 점령 사태는 미국이 얼마나 극단적으로 분열되어 있고 내부적으로 취약한 상태인지 단적으로 보여주었다.

제도적 붕괴의 후과도 컸다. 도널드 트럼프는 정부의 역할과 전통을 신뢰하지 않아 극적으로 파괴했다. 인수 과정의 의미와 전통도 철저히 무시해 차기 정부 인수위가 일하는 데 장애가 되었다. 트럼프는 자신이 정권을 인수받던 2016년에도 인수위 자료를 던져버리고 팀을 해고했다. 인선도 제대로 하지 않았다. 트럼프 정부 부처 고위직(E1과 E2)은 끊임없이 사람이 바뀌거나 공석이었다. 부시 정부의 경험 있는 공화당 인사들은 트럼프가 기용하지 않거나 혹은 그들이 스스로 참여를 거부했다.

초반에는 트럼프 정부에서 인수인계 담당자가 누구인지조차 명확하지 않았다. 연방조달청GSA 에밀리 머피 청장은 대선일로부터 3주나 지난 2020년 11월 23일에야 정권 인수의 공식 시작인 당선확인서를 발행했다. 인수위 대상 브리핑은 그만큼 지연됐다. 시간이 많이 걸리는 연방수사국FBI의 인선 검증도 마찬가지였다. 그나마도 바이든 인수위에 브리핑하는 공무원 옆을 트럼프 정부의 정무직 간부가 지키고 있었다는 보도, 정보가 차단됐다는 보도가 이어졌다. 2008년 대선 당시에는 이튿날 오전 9시 GSA가 당선확인서를 발행했고 조지 W. 부시 정부 담당자가 바로 버락 오바마 인수팀에 정책 브리핑을 시작했다.

1단계: 100일을 위한 10개월, 준비를 위한 준비

전대미문의 인수 방해에 바이든 인수위는 '철저한 준비'로 맞섰다. 인수위 78일을 준비하기 위해 바이든 팀은 '준비를 위한 준비'를 하고 있었다. 바이든 인수위의 출발은 민주당 경선 막바지였던 2020년 4월 바이든의 승리가 유력해진 시점에 이뤄졌다. 바이든은 당시 오랜 측근인 전 델라웨어 상원의원 테드 코프먼에게 인수위 위원장을 제안하며 인수위 준비를 부탁했다. 코프먼은 2009년 오바마 정부 출범 당시 바이든 부통령의 인수위 담당자였고 2010년, 2016년 대통령직 인수법 개정에 참여해 현 대통령 인수위의 모델을 만들어낸 인물로 평가된다.

2020년 6월 20일 NBC 뉴스는 바이든의 인수위 팀 구성을 처음으로 보도했다. 코프먼이 리더를 맡고, 오바마의 오랜 참모 요하네스 에이브러햄이 기조실장Executive Director으로서 실질적인 운영을 맡았다. 준비팀은 여름에 이미 트럼프의 선거 불복 시나리오를 두고 대응 방안을 논의했다.

2020년 9월 5일 바이든은 인수위를 맡을 공동위원장 4명, 자문위원 15명을 공식 발표했다.(9월 28일 신디 매케인이 추가되었다.) 8월 17일 민주당 전당대회에서 러닝메이트 카멀라 해리스와 대선 후보로 선출된 직후다. 오바마 백악관의 국가경제위원회NEC 위원장이었던 제프리 지엔츠, 뉴멕시코 주지사 미셸 루한 그리셤, 루이지애나주 하원의원 세드릭 리치먼드, 40년 간 민주당 대선 후보 6명을 도운 애니타 던이 코프먼과 함께 공동위원장을 맡았다.

바이든 인수위 자문위원 16인

- **토니 앨런**: 전 델라웨어주립대학 총장. 바이든의 25년 지기. 바이든 상원의원 당시 연설문 담당

- **재러드 번스타인**: 바이든 부통령 당시 경제 고문. 현 바이든 대통령 경제자문회의CEA 위원

- **피트 부티지지**: 전 인디애나주 사우스벤드 시장. 2020년 민주당 대선 후보 경선 출마. 바이든 정부 교통부 장관

- **마크 기텐슈타인**: 전 바이든 재단 이사장, 오바마 인수위 자문위원, 전 주 루마니아 미국 대사. 주 유럽연합EU 미국 대사

- **레슬리 콜드웰**: 오바마 정부 법무부 차관

- **서실리아 마르티네스**: 지구·에너지·민주주의 센터장. 환경 정의 관련 기여로 2020년 『타임』지 '가장 영향력 있는 100인' 선정

- **밥 맥도널드**: 오바마 정부 보훈부 장관. 2012년 공화당 대선 후보 밋

롬니 후원자. 전 P&G 회장

- **미뇽 뮤어**: 클린턴 백악관 정무국장. 듀이 스퀘어 그룹 회장. 컨설턴트 이자 행정가

- **수전 라이스**: 오바마 백악관 국가안보보좌관. 현 바이든 백악관 국내 정책위원회DPC 위원장

- **테레사 로메로**: 농장노동자연합United Farm Workers 첫 이민 여성 회장

- **캐시 러셀**: 바이든 부통령 당시 질 바이든 비서실장. 오바마 정부 전 세계 여성 문제 홍보대사

- **로니 스티븐슨**: 국제전기노동자조합IBEW 회장

- **펠리시아 웡**: 루스벨트연구소 소장

- **샐리 예이츠**: 트럼프 정부 법무부 장관 대행. 무슬림 7개국 국민 입국 금지 행정명령에 반대해 해고됨

- **신디 매케인**: 전 애리조나주 상원의원. 2008년 공화당 대통령 후보 존 매케인의 부인. 매케인재단 이사장 및 헨슬리앤컴퍼니 회장

- **비벡 머시**: 오바마 정부 의무총장

2단계 인수위 출범: 그래도 인수위는 굴러간다

대선일 밤 당선인이 당선 연설을 하고, 현직 대통령이 바로 당선인을 백악관에 초청해 정권 인수를 협의하는 전통은 모두 깨졌다. 그러나 바이든 팀은 대선일 다음 날인 11월 4일 인수위 홈페이지(buildbackbetter.com)를 열고 바로 인수위 활동에 돌입했다. 바이든은 "우리가 마냥 결과를 기다리고만 있지 않다는 것을 알아주길 바란다"고 했다. 바이든은 11월 7일 당선이 확정되자 이틀 후 전문가로 구성된 코로나19 자문위원회부터 만들었다. 11월 11일에는 '재고 조사'를 위한 정부평가팀을 구성했다.

바이든 인수위의 행보는 예상을 뛰어넘었다. 인수위는 내내 침착했고 공약에 집중하여 커뮤니케이션했다. 바이든은 GSA를 고소하거나 비난하고 싸우는 데 시간을 낭비하지 않았다. 그 대신 트럼프의 정책을 뒤집을 방법을 하나하나 찾았다.

1. 바이든 인선의 다섯 가지 원칙

인수위 활동의 핵심은 인사다. 차기 정권의 방향과 정체성을 상징하는 플래그십으로, 가장 많은 관심이 집중된다. 바이든 인수위는 준비되고 신속한 인선을 진행했다. 미국 정부의 인수 과정을 모니터링하는 NPO '백악관 인수인계 프로젝트'에 따르면, 바이든 인수위는 지미 카터 인수위 이래 어느 때보다 지명 속도가 빨랐다. 준비된 인수위를 꾸렸던 오바마의 인선도 12월에 주로 이뤄진 반면 바이든은 11월에 이미 8명, 12월에 11명을 지명했다.

인준도 트럼프 탄핵안 이후 속도를 내 취임 후 50일인 3월

10일 내각의 70퍼센트가 구성을 마쳤다. 이전 정부가 내각 구성에 걸린 시간은 빌 클린턴 51일, 조지 부시 13일, 버락 오바마 99일, 트럼프 98일이었다. 인선의 원칙에는 테드 코프먼 인수위원장의 생각이 반영됐다. 이는 곧 바이든의 생각이기도 하다. 인수위 자문위원인 마크 기텐슈타인은 "인수위 일을 하기 위해 조 바이든을 복제한다면 그건 테드 코프먼"이라고 평했다.

① 바로 투입될 수 있는 베테랑을 쓴다

인선은 대부분 검증된 오바마 정부 출신의 전문가들로 이루어졌다. 새로운 인물을 기용하는 것도 중요하지만, 바이든은 무엇보다 경험을 중시했다. 위기 상황에서 즉시 투입돼 무슨 일을 해야 할지 알고 일하는 사람들이 필요했다.

특히 외교안보 분야에는 오바마 정부 당시의 차관, 차관보급 인사들이 대거 포진했다. 그들은 지난 4년 동안 '놀고 있지 않았다'. 앤터니 블링컨 등 이전 정부 출신들은 선거 및 인수 기간에 한 언론 인터뷰에서 "지난 4년간 오바마 정부의 정책 중 비판받거나 좋지 않은 결과를 냈던 정책들을 리뷰했다"고 밝혔다. 같은 기간 트럼프 정부가 무엇을 바꿨는지도 모두 추적하고 있었다.

바이든 차기 정부는 인선을 통해 끊임없이 "우리는 전문가"라는 메시지를 내보냈다. "우리는 정부가 어떻게 작동하는지 안다. 정부가 당신을 위해 일하도록 하겠다."

② '미국을 닮은 내각'을 구현한다

2020년 '흑인의 생명도 소중하다Black Lives Matters' 시위가 미국 전역을 휩쓸고 인종차별 문제가 핵심 화두로 떠올랐다. 바이든은 캠페인 때부터 공언한 다양성 내각을 구현했다. 바이든 내각은 해리스 부통령, 장관 15명과 그 외 내각 구성원으로 지정된 9명으로 구성된다. 내각 구성원 25명 중 여성은 12명, 비백인은 13명이다.(2021년 3월 기준) 지금까지 가장 다양성을 잘 반영했던 것으로 꼽히는 오바마의 기록도 넘었다.

바이든의 다양성 내각은 상징적 '1호'들로 대변된다. 카멀라 해리스는 '첫 여성' '첫 흑인' '첫 아시안' 부통령이다. 재닛 옐런은 첫 여성 재무장관, 애브릴 헤인스가 첫 여성 국가정보국장이다. 로이드 오스틴은 첫 흑인 국방부 장관 기록을 세웠다. 보건복지부를 이끄는 하비어 베세라는 히스패닉으로는 처음이다.

바이든의 '미국을 닮은 내각'

해리스
부통령

블링컨
국무부

옐런
재무부

오스틴
국방부

갈런드
법무부

할런드
내무부

빌색
농무부

러몬도
상무부

월시
노동부

베세라
보건복지부

퍼지
주택도시개발부

부티지지
교통부

그랜홈
에너지부

카도나
교육부

맥도너
보훈부

마요르카스
국토안보부

클레인
비서실장

타이
무역대표부

헤인스
국가정보부

토머스-그린필드
유엔대사

영
예산관리국(대행)

랜더
과학기술정책실장

리건
환경보호청

구즈먼
중소기업청

라우스
경제자문회의

(2021년 3월 28일 기준)

피트 부티지지 교통부 장관은 첫 성소수자 장관이다. 데브 할런드가 내부무 장관 자리에 오른 것은 과거 원주민의 터전을 빼앗던 부처의 수장을 원주민이 맡게 됐다는 상징적 의미를 갖는다. 알레한드로 마요르카스는 이민자로서 처음으로 이민 정책을 총괄하는 국토안보부 수장이 되었다.

③ 가장 시급한 문제를 해결할 사람부터 결정한다

인사 발표의 순서 역시 눈여겨볼 필요가 있다. 바이든 인수위는 2020년 11월 23일 첫 인선으로 외교 안보 인사를 발표했다. 국무부 앤터니 블링컨, 국토안보부 알레한드로 마요르카스, 국가정보국장 애브릴 헤인스, 유엔 주재 미국 대사 린다 토머스-그린필드였다. 선거 불복 사태로 인한 혼란과 안보 우려를 불식시키기 위해서였다. 의회 점거 사태를 겪은 상원이었던 만큼 인준도 수월했다. 그다음으로 11월 30일 재무부 장관, 예산관리국장, 경제자문회의 의장이 발표됐다. 보건부, 국방부 장관이 뒤를 이었다. 대선 재검표 진통을 겪은 조지 W. 부시 인수위는 국토안보부 장관을, 금융 위기에 직면한 오바마 인수위는 재무부 장관을, 트럼프는 법무부 장관을 가장 먼저 선택했다.

④ 진보 성향보다 정치적 안정성을 우선해 선택한다

전문성, 다양성 외에 안정성도 바이든의 핵심 인선 원칙이었다. 늘 더딘 상원 인준을 더 당길 필요가 있었다. 트럼프의 선거 불복으로 정치적 불안이 높았기 때문이다. 하마평이 무성했지만 논란의 여지가 있는 당내 진보 인사들은 내각에서 배제됐다. 이들의 국정 경험이 부족하기도 했지만 바이든은 무엇보다 공화당으로부터도 인정받는 인사를 선정하고자 했다.

대표적인 예가 애브릴 헤인스, 재닛 옐런, 로이드 오스틴, 빌 번스다. 청문회 과정도 깔끔했다. 국가정보국장 애브릴 헤인스는 1월 19일 청문회 후 20일 상원을 통과해 21일 바로 취임했다. 오바마에서 트럼프 시기 국가정보국장 임명에 평균 54일 걸리던 것을 초고속으로 단축한 것이다. 22일 국방부 장관인 로이드 오스틴이, 26일 재무장관인 재닛 옐런과 국무부 장관인 앤터니 블링컨이 뒤를 이었다. 2월 안에 장관직에 안착한 10명 중 6명은 모두 높은 지지를 받았다. 100표 중 로이드 오스틴이 93표, 애브릴 헤인스가 84표, 재닛 옐런이 84표를 받았다.

⑤ 인준이 필요 없는 핵심 실무자부터 전진 배치한다

바이든 인수위는 상원의 인준이 필요하지 않은 백악관과 부처의 실무진을 먼저 구성하고 시급한 사안에는 조정관이나 고문직을 신설했다. 상원 인준이 지연될 것을 예상하고 실무를 총괄하는 핵심 인사들이 먼저 정부와 백악관에서 빈틈없이 업무를 할 수 있도록 설계했다. 바이든이 '취임 뒤 100일 안에 백신 1억 회 접종' 목표를 달성할 수 있었던 것은 핵심 어젠다를 선정하고 이에 맞춰 실무진을 전진 배치했기 때문이다.

그러나 오바마 정부 인사들을 다시 기용해 '새로운 피'가 없다는 것은 동전의 뒷면이다. 또한 '오바마맨'들은 이전보다 나아졌음을 증명해야 한다. 바이든 당선에 기여한 당내 진보 진영의 목소리를 어떻게 포용할지도 숙제다. 50 대 50인 상원의 구도는 진보 인사를 주요 직책에 보내는 것을 현실적으로 막았다. 대신 바이든은 인수위 정부 평가팀에 진보 진영의 인사를 기용했다. 버니 샌더스의 선임보좌관 조시 오턴이 노동부를, 엘리자베스 워런의 전 비서실장 앤 레이드가 보건복지부 평가에 참여했다. 빅테크에 비판적인 교수진도 진보 세력의 지지를 받으며 백악관에 입성했다. 팀 우는 국가경제위원회의 기술·경쟁 정책

특별보좌관에 임명되었고 리나 칸은 연방거래위원회FTC 위원으로 임명되었다. 버니 샌더스는 막강한 상원 예산위원장이 되어 바이든의 코로나19 부양안에 힘을 보탰다.

2. 바이든표 정책 설계의 세 가지 특징

___

① 우선순위를 정하고 공개하고 반복한다

바이든 인수위 팀은 집중할 일곱 가지 정책 우선순위를 정하고 비전을 제시했다. 일곱 가지는 코로나19, 경제, 기후위기, 인종 평등, 보건복지, 이민, 미국의 국제적 위상 회복이다. 이 작업은 취임과 동시에 집중적으로 쏟아낸 각종 행정명령으로 연결됐다. 바이든 백악관은 취임 후 홈페이지에 '우선순위priorities' 페이지를 따로 개설해 지켜보는 국민도, 정책을 입안하고 실행하는 담당자도 상기할 수 있도록 했다.

② 정책의 스펙트럼은 최대한 넓힌다

인수위의 정부 평가팀은 실질적인 액션을 위해 정부 기관의 운영 상황을 검토하고 필요한 정책을 정리한다. 바이든의 정부 평가팀은 진보 진영, 공화당 인사, 실리콘밸리 출신까지 포진해 다양성과 대표성을 중시했다. 이를 통해 더 정확하게 분석하고 다양한 관점의 의견을 수렴할 수 있었다. 노동, 기후 분야는 민주당 진보파 인물들이, 개발협력 분야에는 빌&멀린다 게이츠 재단이, 국가안전보장회의NSC 검토에는 오바마 백악관 NSC에서 일했던 클레어 갤러거 전 에어비앤비 협력·이벤트 매니저와 챈·저커버그 재단이 참여했다. 정보기관 검토에는 월트디즈니로 간 전 CIA 국장 카먼 미들턴과 국가안보국NSA 출신 맷 올슨 우버 보안최고책임자가, 국무부 검토는 아마존의 국제조세 전문가 톰 설리번이 참여했다.

③ 구체성은 팀 빌딩으로 보여준다

바이든 인수위는 우선시하는 정책별 방향과 과제를 제시하고 이를 세부 정책으로 설계할 팀 빌딩에 공을 들였다. 그리고 팀의 면면을 비교적 투명하고 상세하게 공개해 예측 가능성과 기대감을 높였다. 신속하고 효율적인 코로나19 대응을 위해 대통령에게 직보하는 코로나 대응 조정관 자리를 신설해 오바마 백악관에서 관리자로 능력을 인정받은 제프 지엔츠를 앉혔다. 기후팀은 오바마 정부 환경보호청장 지나 매카시에게 맡기고 국가안전보장회의에 참석할 기후 특사직을 만들었다. 인종 평등팀은 오바마 정부의 첫 흑인 유엔 대사였던 수전 라이스가, 보건복지팀은 캘리포니아 법무장관 당시 의료계의 독과점 관행을 막았던 하비어 베세라가 맡았다.

정책별 팀 빌딩과 주요 인사

① 코로나19

• **앤서니 파우치**: 대통령 직속 최고 의료고문. 국립알레르기·전염병연구

　소NIAID 소장

• **제프 지엔츠**: 코로나19 대응 조정관

• **마셀라 누네즈-스미스**: 코로나19 평등 태스크포스 위원장. 전 예일대

　학 의대 교수

• **데이비드 케슬러**: 코로나19 평등 태스크포스 위원장. 백신 접종 프로

　그램 책임자

② 기후변화

• **존 케리**: 대통령 기후 특사. 전 상원의원. 전 민주당 대선 후보

• **지나 매카시**: 백악관 기후정책실장. 인수위 '기후팀' 책임자. 오바마 정

부 환경보호청EPA 청장

- **데브 할런드**: 내무부 장관. 인수위 '기후팀' 활동

- **제니퍼 그랜홈**: 에너지부 장관, 인수위 '기후팀' 활동

③ 인종평등

- **수전 라이스**: 백악관 국내정책위원회DPC 위원장. 오바마 정부 첫 흑인 유엔 주재 미국 대사 및 국가안보보좌관

④ 경제

- **재닛 옐런**: 재무부 장관, 인수위 경제 자문위원

- **서실리아 라우스**: 백악관 경제자문회의ECA 위원장. 인수위 경제 자문위원

- **재러드 번스타인**: 백악관 ECA 위원. 인수위 경제 자문위원

- **윌리 아데예모**: 재무부 부장관. 인수위 경제 자문위원. 오바마재단 전 이사장. 오바마 정부 환태평양경제동반자협정TPP 협상 담당

⑤ 보건복지

- **하비어 베세라**: 보건복지부 장관. 전 캘리포니아주 법무장관

- **로셸 월렌스키**: 질병통제예방센터CDC 국장. 감염병 전문의

- **앤드리아 팜**: 보건복지부 부장관. 오바마 백악관 정책보좌관

- **레이철 러빈**: 보건복지부 차관보. 펜실베이니아주 보건부 장관

⑥ 이민

- **서실리아 무뇨스**: 인수위 이민정책팀 활동. 오바마 백악관 국내정책위
  원회DPC 위원장

- **얼 재두**: 인수위 국토안보부 평가팀 활동. 오바마 정부 미국이민국
  USCIS 수석고문

- **앤드리아 플로레스**: 인수위 국토안보부 평가팀 활동. 오바마 백악관
  DPC 이민정책 보좌관

⑦ 미국의 국제적 위상 회복

- **앤터니 블링컨**: 국무부 장관, 오바마 정부 국무부 부장관

- **린다 토머스-그린필드**: 유엔 주재 미국 대사. 오바마 정부 국무부 차
  관보

- **제이크 설리번**: 국가안보좌관. 오바마 백악관 국가안보부보좌관

- **웬디 셔먼**: 국무부 부장관. 오마바 정부 국무부 정무차관

- **빅토리아 눌런드**: 국무부 정무차관. 오바마 정부 국무부 차관보

- **존 파이너**: 국가안보부보좌관. 오바마 정부 국무부 장관 비서실장

- **서맨사 파워**: 미국국제개발처USaid 처장. 오바마 정부 유엔 주재 미국 대사

- **커트 캠벨**: 국가안전보장회의NSC 인도·태평양 담당 조정관. 오바마 정부 국무부 차관보

- **러시 도시**: NSC 중국 담당 선임국장. 미국 브루킹스연구소 '중국전략 이니셔티브' 책임자

- **로라 로젠버거**: NSC 중국 담당 선임국장. 오바마 정부 NSC 중국·한국 담당

- **줄리언 게위르츠**: NSC 중국 담당 국장. 미국외교협회CFR 선임연구원

바이든 내각 인선 (2021년 3월 28일 기준)

이름	직위	발표일	취임	비고
론 클레인	비서실장	2020.11.12	2021.01.20	상원 인준 불필요. 전 부통령 비서실장
앤터니 블링컨	국무부 장관	2020.11.23	2021.01.26	전 국무부 부장관
알레한드로 마요르카스	국토안보부 장관	2020.11.23	2021.02.02	전 국토안보부 부장관
애브릴 헤인스	국가정보국 국장	2020.11.23	2021.01.21	전 국가안보보좌관
린다 토머스-그린필드	유엔 주재 미국 대사	2020.11.23	2021.02.23	전 국무부 아프리카 담당 차관보
재닛 옐런	재무부 장관	2020.11.30	2021.01.25	전 연방준비제도 이사회의장
셜랜더 영	예산관리국 국장	2021.11.24	2022.03.15	전 예산관리국 국장 직무대행 (2021.03.24.~ 2022.03.15)
서실리아 라우스	경제자문회의 의장	2020.11.30	2021.03.02	전 백악관 경제자문위원회위원, 프린스턴대학 교수
하비어 베세라	보건복지부 장관	2020.12.07	2021.03.19	전 캘리포니아 법무장관
로이드 오스틴	국방부 장관	2020.12.08	2021.01.22	퇴역 미 육군 4성 장군
톰 빌색	농무부 장관	2020.12.10	2021.02.24	전 농무부 장관

마르시아 퍼지	주택도시개발부 장관	2020.12.10	2021.03.10	현 오하이오주 하원의원
데니스 맥도너	보훈부 장관	2020.12.10	2021.02.08	전 비서실장
캐서린 타이	무역대표부 대표	2020.12.10	2021.03.17	미 하원 세입위원회 수석무역 보좌관
피트 부티지지	교통부 장관	2020.12.15	2021.02.02	전 사우스벤드시 시장, 전 민주당 대선 후보
데브 할런드	내무부 장관	2020.12.17	2021.03.15	현 뉴멕시코주 하원의원
제니퍼 그랜홈	에너지부 장관	2020.12.17	2021.02.25	전 미국 미시간주 주지사
마이클 리건	환경보호청 청장	2020.12.17	2021.03.10	노스캐롤라이나주 환경품질부 장관
미겔 카르도나	교육부 장관	2020.12.22	2021.03.01	코네티컷주 교육청장
메릭 갈런드	법무부 장관	2021.01.07	2021.03.10	워싱턴DC연방항소 법원법원장
지나 러몬도	상무부 장관	2021.01.07	2021.03.02	로드아일랜드 주지사
마티 월시	노동부 장관	2021.01.07	2021.03.22 (인준)	보스턴 시장, 보스턴전기·철강 노조 출신
이저벨 구즈만	중소기업청 청장	2021.01.07	2021.03.17	캘리포니아주 기업 경제개발부중소 기업담당 국장
에릭 랜더	과학기술정책실장 및 대통령과학고문	2021.01.15	2021.03.28	브로드 연구소장 (유전학자), MIT 교수

3단계 '하나 된 미국' 취임식

루스벨트는 그의 유명한 '첫 100일'을 시작하며, 취임식으로 그의 취임이 단순히 정권이 다른 당으로 바뀐 것에 불과한 게 아님을 보여주었다. 취임식 당일 그는 국무위원 전원과 보좌관, 가족과 친구를 데리고 특별 기도회에서 무릎 꿇고 기도하는 것으로 하루를 시작했다. 대법원장이 취임 선서문을 읽고 신임 대통령이 "네, 그렇게 하겠습니다"라고 답변하던 관례를 깨고 선서문 전문을 자신의 입으로 되새기며 읽는 방법으로 답했다.

바이든 취임식의 핵심 메시지는 트럼프 정부와 대비되는 치유와 통합이었다. 취임식 전날, 바이든은 팬데믹에 희생된 국민을 기리는 추모식에 참석했다. 그는 아들의 이야기를 꺼내며 소중한 사람을 잃는 슬픔에 공감하는 모습을 보였다.

바이든은 도널드 트럼프 정부가 무시했던 전통을 복원했다. 전통적으로 취임식 당일에는 전임·신임 대통령 부부가 함께 국회의사당 계단을 내려온 뒤 신임 대통령이 전임 대통령을 배웅한다. 정치적 통합과 성숙된 민주주의의 상징적 장면이지만, 트럼프는 불참했다. 바이든 취임식에서는 대신 전임 대통령인 빌 클린턴, 조지 W. 부시, 버락 오바마가 나서 '서로를 경청하는 법'을 주제로 대담했다.

팬데믹과 의회 점령 사건, 추가 테러 위협으로 워싱턴은 텅비었고 살벌했다. 신임 대통령이 백악관으로 이동하며 환영 인파에게 인사하는 행사의 하이라이트도 취소됐다. 그러나 바이든은 "두렵지 않다"며 전통대로 의회에서의 취임선서를 고수했다.

취임식에서 시를 낭송하는 전통도 계승했다. 1961년 존 F. 케네디 대통령 취임식에서 로버트 프로스트가 시를 낭송한 이후 민주당 출신 대통령들의 취임식에서 이어진 전통이다. 바이든

• 시를 낭송하는 어맨다 고먼 ⓒ미 국방부

의 취임식에서는 22세 흑인 여성 시인 어맨다 고먼이 「우리가
오르는 언덕The Hill We Climb」을 낭송해 미국 민주주의의 치유
와 회복을 노래했다. 바이든이 복원하고 싶어하는 이상주의적
미국에 대한 믿음이다.

　민주주의는 때때로 지체될 수는 있지만
　민주주의는 절대로 영원히 패배하지는 않아요.

이 진실을, 이 믿음을 우리는 신뢰해요.

(…)

우리 함께 이런 나라를 만들어봐요

우리가 물려받은 나라보다 더 나은 나라를.

취임식은 무엇보다 '통합'을 강조했다. 취임식의 테마는 '하나된 미국America United'이었다. 취임사에서 바이든은 "내 모든 영혼은 미국을 다시 합치고 통합하는 데 있다. 모든 미국인의 대통령이 되겠다"고 선언했다.

바이든은 2020년 11월 대선 승리가 확정된 직후부터 취임사를 위해 생각을 가다듬고 문장을 정리했다. 취임사는 이런 바이든의 구상을 토대로 마이크 도닐런 백악관 선임고문 내정자와 바이든의 오랜 연설 담당자 비네이 레디, 저널리스트 출신 대통령 전기작가 존 미첨이 공동 집필했다.

이러한 도전들을 극복하기 위해서는, 말 그 이상의 것이 필요합니다.

민주주의에서 가장 달성하기 어려운 것이 필요합니다.

그것은 단합입니다. 단합입니다.

(···)

미국은 이보다 더 나아야 합니다. 그리고 나는 미국이 이보다 낫다고 믿습니다.

수세기 전 성 아우구스티누스는 사람People이란 사랑이라는 공동의 목표에 의해 정의되는 집단이라고 정의했습니다.

우리를 미국인으로 정의하는, 우리가 사랑하는 공동의 목표는 무엇일까요?

나는 알 것 같습니다.

기회입니다.

안전입니다.

자유입니다.

품위입니다.

존중입니다.

명예입니다.

그리고 진실입니다.

카멀라 해리스 부통령, 미셸 오바마, 힐러리 클린턴 모두 보랏빛 의상을 입었다. 보라는 공화당의 색인 빨강과 민주당의 색인 파랑을 섞은 색이다. 취임식 준비위원회 공동위원장이었던 에이미 클로버샤의 축사는 취임식의 의미를 되새기게 해주었다는 평을 받았다.

오늘은 우리 민주주의가 스스로 먼지를 털어내고 일어나

미국이 항상 하는 일을 하는 날입니다.

주님 아래 하나의 국가로서, 분열될 수 없는 공동체로서,

모든 이를 위한 자유와 정의로 전진하는 날입니다.

(…)

오늘 우리는 민주주의의 놀라운 힘을 찬양하면서

결코 우리의 민주주의를 당연하게 여기지 않을 것을 약속합니다.

우리는 미국의 회복력을 찬양합니다.

미국의 투지grit를 찬양합니다.

매일 특별한 일을 하는 미국의 모든 보통 사람을 찬양합니다.

4단계 바이든의 '첫 100일'

트위터와 방송에서 파격적 발언으로 강한 존재감을 과시했던 트럼프에 비하면, 바이든은 말을 많이 하지 않는다. 대신 그는 명확한 메시지를 제시하기 위해 언론에 제한적으로만 등장한다. 또한 정부의 우선순위가 명확히 보이도록 체계적이고 계획적인 방식으로 메시지를 전달한다. 이전에 당연하게 여겨지던 정부의 전통과 규칙들은 '트럼프 효과'로 새 정부의 강력한 특징이 되었다.

100일 타임라인

○ 바이든의 일정 또는 액션
○ 주요 사건

1월 6일
의회 점령 사태

1월 19일
바이든 취임
행정명령 17건 서명

백악관 직원
비대면 선서식

대변인 첫 기자회견

1월 21일
코로나19 관련
브리핑 및
행정명령 서명

1월 22일
경제위기 관련
브리핑 및
행정명령 서명

1월 23일
해외 정상
첫 통화

1월 25일
미국의 제조업
관련 브리핑 및
행정명령 서명

3월 18일
미-중 첫 고위급
알래스카 회담

3월 6일
코로나 경기부양안
수정 후 상원 통과

2월 27일
코로나 경기부양안
하원 통과

2월 22일
코로나 사망
50만 명

3월 11일
코로나 2조 달러
경기부양안 서명

2월 24일
첫 정상회담

4대 핵심 품목 공급망
평가 행정명령 서명

양당 의원들 만나
반도체 문제 상의

2월 19일
화이자 백신
생산 기지 방문

G7 비공개 화상회의

3월 25일
백신 1억 도스
접종 달성

3월 31일
2조 달러 인프라
투자계획 1차안
'미국 일자리 계획' 발표

4월 12일
양당 의원 만나
1차 인프라 회의

4월 14일
주 아프가니스탄
미군 철수 선포

알링턴 국립묘지 방문

4월 15일
추가 러시아
제재안 발표

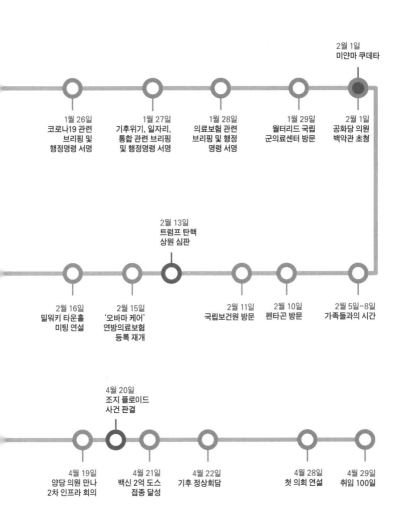

2월 1일
미얀마 쿠데타

1월 26일
코로나19 관련
브리핑 및
행정명령 서명

1월 27일
기후위기, 일자리,
통합 관련 브리핑
및 행정명령 서명

1월 28일
의료보험 관련
브리핑 및 행정
명령 서명

1월 29일
월터리드 국립
군의료센터 방문

2월 1일
공화당 의원
백악관 초청

2월 13일
트럼프 탄핵
상원 심판

2월 16일
밀워키 타운홀
미팅 연설

2월 15일
'오바마 케어'
연방의료보험
등록 재개

2월 11일
국립보건원 방문

2월 10일
펜타곤 방문

2월 5일~8일
가족들과의 시간

4월 20일
조지 플로이드
사건 판결

4월 19일
양당 의원 만나
2차 인프라 회의

4월 21일
백신 2억 도스
접종 달성

4월 22일
기후 정상회담

4월 28일
첫 의회 연설

4월 29일
취임 100일

1. 첫날과 100일: 상징

08:45   대통령, 부통령 세인트매슈 성당에서 미사(원래 미국 대통령
　　　　들은 세인트존스 교회로 향하나 가톨릭 신자인 바이든은 성당
　　　　에서 진행)

10:30   바이든 대통령, 국회의사당 도착

12:00   바이든 대통령과 해리스 부통령 공식 취임

13:40   바이든 대통령과 해리스 부통령, 군 의장대 사열

14:25   대통령 부부, 부통령 부부 알링턴 국립묘지 무명군인묘역
　　　　참배

15:15   펜실베이니아 거리 도보행진 후 백악관 도착

17:15   바이든 대통령 행정명령 등 17건 서명

17:45   백악관·정부 직원 비대면 선서식

19:00   대변인 첫 기자회견

20:48   비대면 축하 행사 '미국을 축복합니다Celebrating America' 참
　　　　석(취임식 저녁 무도회 대체)

21:55   대통령 부부, 백악관 '트루먼 발코니'에 나와 인사. 불꽃놀이
　　　　관람

'바이든 첫날'의 핵심은 기다렸다는 듯 한꺼번에 17개나 쏟아낸 대통령 행정 조치다. 그는 이날 오후 대통령 집무실에서 17개의 행정명령, 포고와 각서에 서명했다. 위기에 준비된 정부, 역동적으로 일하는 유능한 정부라는 이미지를 보여주기 위해서다. 행정명령 등은 인수위 때부터 공개한 우선순위 어젠다에 집중됐다. 코로나19 팬데믹, 경제, 이민과 다양성, 환경과 기후위기 등으로 주요 내용은 다음과 같다.

코로나19 팬데믹

- 대통령에게 즉각 보고하는 코로나 대응 조정관 신설. 제프 지엔츠('Mr Fix it') 임명
- 트럼프가 폐지한 국가안전보장회의의 세계보건안보 및 생물방위이사국 복원
- 연방정부 기관 내 마스크 착용, 사회적 거리두기 의무화
- 트럼프의 세계보건기구WHO 탈퇴 명령 중지

이민

- 인구조사에서 비시민권자 제외한 트럼프의 명령 취소

- 불법체류 청소년 추방 유예DACA 프로그램 강화

- 트럼프 '무슬림, 아프리카 국가 입국 금지' 철회. 국무부 수습 방안 마련

- 멕시코 장벽 건설 중단

- 멕시코 국경 차단 조치 중단하되 팬데믹 방역을 위한 비상 규정은 유지

다양성·평등

- 연방정부 업무에서 다양성을 중시하고 차별 해소 방안을 200일 내 보고서로 제출 지시

- 성적 지향이나 성 정체성을 이유로 차별 금지

- 다양성 교육을 없앤 트럼프 명령 철회

- 트럼프의 '1776 위원회(노예 역사 왜곡 논란)' 폐지

환경과 기후변화

- 파리 기후협정 탈퇴를 취소하는 레터에 서명

- 메탄 배출 기준 등 트럼프가 완화한 환경규제 복구 명령

- 북극 국립 야생동물 보호구역에서 석유와 천연가스 임대 중단

- 키스톤 XL 송유관 건설 허가 취소

- 온실가스의 사회적 비용을 산출하는 실무 그룹 재설립

바이든의 집무실

대통령의 새 집무실 역시 정권 교체의 상징적 장면이다. 집무실은 대통령이 회의하고 고뇌하며 결정하는 공간이다. 세계 지도자들과 만나거나 통화하는 장면, 각종 행정명령에 서명하는 장면도 이곳을 배경으로 한다.

역대 대통령들은 리더로서 지향하는 이미지와 개성을 토대로 집무실을 바꿨다. 집무실을 '일하는 공간'으로 인식했던 드와이트 아이젠하워는 해리 트루먼의 초록색 카펫과 트로피를 그대로 유지했다. 반면, 존 F. 케네디는 허리 통증을 줄여주는 흔들의자, 자신이 모은 배 모형과 해양 그림들을 놓아 집무실을 편안한 집처럼 썼다. 조지 H. W. 부시는 모교 예일대학의 색인 파랑과 하양으로 집무실을 꾸몄으며, 아들 조지 W. 부시는 텍사스 박물관에서 지역 예술가들의 작품을 빌려와 걸어두었다. 트럼프의 집무실에는 윈스턴 처칠, 앤드루 잭슨과 콜라 버튼이 있었다.

바이든은 미국 역사 주요 인물들의 초상화와 흉상을 많이 들였다. 특히, 인권운동을 키워드로 삼았다. 트럼프의 처칠 동

• '결단의 책상' 정면에 걸린 프랭클린 루스벨트의 초상화 ⓒ조 바이든 페이스북

상 대신 인권·노동 운동가인 세자르 차베스의 흉상을 세웠다. 마틴 루서 킹과 로버트 케네디의 흉상도 들여왔다. 여성 인권 운동가 로자 파크스와 엘리너 루스벨트의 흉상도 배치했다.

'결단의 책상' 건너편 벽난로 위에는 '첫 100일'로 미국을 위기에서 끌어올린 프랭클린 루스벨트의 초상화를 걸었다. 과학에 대한 바이든의 관심을 나타내기 위해 벤저민 프랭클린의 그림도 걸었다. 재임 시절 치열한 의견 대립으로 양당제를 태동시킨 토머스 제퍼슨 전 대통령과 알렉산더 해밀턴 전 재무장관의 그림은 나란히 걸렸다. 백악관은 "서로 다른 의견이 민주주의에 얼마나 필수적인지를 보여주는 쌍둥이 그림"이라고 설명했다.

100일을 다시 첫걸음으로

바이든은 '첫 100일'을 마무리하는 세리머니로 '미국을 다시 정상 궤도로Getting America Back on Track' 트럭 투어를 시작했다. 4월 28일 첫 의회 연설을 마친 바이든은 곧장 조지아주로 향했다. 조지아는 2020~2021 선거에서 핵심 스윙보트 지역으로 떠오른 곳이다. 조지아에서 바이든은 1퍼센트도 되지 않는 근소한 차로 트럼프를 이겼다. 이후 치러진 상원 중간선거에서는 2명 다 민주당 의원이 선출돼 민주당이 1명 차이로 상원 과반을 차지할 수 있었다.

바이든은 코로나 구제안 통과의 공을 조지아 상원 선거로 돌리며 감사를 표했다. 유세 투어는 미국 일자리 계획과 가족 계획의 필요성을 설파하는 데 집중했다. 조지아 다음의 목적지

• 바이든 100일 세리머니 ©조 바이든 인스타그램

는 필라델피아와 버지니아 요크타운으로 결정했다. 필라델피아는 펜실베이니아주에서 바이든의 승리를 이끈 지역이다. 요크타운은 버지니아주 전체에서 트럼프가 이긴 딱 두 곳 중 한 곳이다. ABC 뉴스는 이를 두고 "마치 또 다른 (선거) 캠페인 같았다"고 설명했다.

바이든과 퍼스트레이디 질 바이든은 조지아에 거주하는 지미 카터 전 대통령 부부의 자택을 찾았다. 카터 부부는 코로나

19로 바이든의 취임식에 참석하지 못했다. 백악관은 카터와 바이든 부부의 단란한 사진도 공개했다.

2. 첫 2주: 액션

행정명령Executive Order, 각서Memorandum와 포고Proclamation
는 대통령이 의회의 도움 없이 바로 행사할 수 있는 권한이다.
취임 초기 새로운 출발과 변화를 도모하고 의지를 안팎에 보여
주는 효율적인 수단이 된다.

행정명령이 법안을 새로 만들 수는 없다. 헌법과 법령의 범
위 안에서 존재해야 한다. 행정명령은 연방관보에 공개돼 훗날
추적하기가 가장 쉽다. 그런 까닭에 종종 후임 대통령에 의해
뒤집힌다.

바이든은 취임 첫 2주 동안 행정명령만 25개를 쏟아냈다. 이
는 '첫 100일'을 만든 루스벨트 대통령이 첫 한 달 동안 행정명
령 30개에 서명한 것과 맞먹는다.

역대 대통령 첫 2주 행정 조치 비교

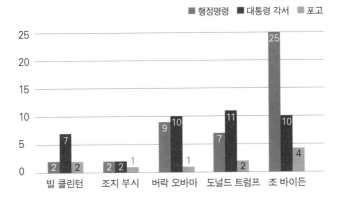

바이든은 일곱 가지 정책 우선순위에 집중했다. 코로나19 팬데믹 관련 10개, 이민 관련 6개, 차별 문제와 통합 관련 5개, 경제(과학기술자문위원회 설립안 포함) 관련 3개, 기후변화 2개, 보건복지 1개다. 이를 실행할 수 있도록 거버넌스를 개혁하는 행정명령 3개에도 서명했다. 미얀마 사태에 대한 행정명령도 '미국의 인권과 가치에 기반한 국제 위상 회복'의 범주에 포함된다고 볼 수 있다.

행정명령 1호는 「연방정부의 인종 평등 향상과 소외지역 지원」이었다. 분열된 미국을 최우선 과제로 둔다는 의미다. 첫날 서명한 여덟 번째 행정명령 「연방 규정에 관한 특정 행정명령의 취소」는 뒤집고자 하는 트럼프의 행정명령을 하나하나 줄지어 열거했다. 철저한 준비가 엿보이는 대목이다. 바이든은 이에 대해 "나는 새로운 법을 만들고 있는 게 아니다. 잘못된 정책을 없애고 있는 것이다"라고 했다. 취임 100일까지 바이든은 42개의 행정명령에 서명했다.

바이든은 행정명령 외에도 각서와 포고, WHO와 파리 기후 협정에 재가입하는 레터까지 다양하게 활용했다. 각서 역시 의회의 동의가 필요하지 않다. 각서는 행정명령과 동일한 법적 효력을 가지며 꽤 폭넓은 성과를 낸다.

오바마는 중요한 순간에 대통령 각서를 잘 활용했다. 불법이민자 청년 자녀를 보호하는 법안이 의회에서 좌절되자 각서로 대응했다. 바이든 첫 한 달의 각서는 차별 및 통합 관련 3건, 이민 2건, 코로나19 관련 2건, 거버넌스 1건, 경제 1건, 외교 관련 1건으로 구성됐다.

포고는 도입된 지 가장 오래된 대통령의 행정권이다. 이론적으로는 공무원뿐 아니라 일반 시민에게도 특정한 행동을 요구할 수 있어 적용 범위가 가장 넓다. 그러나 근래 들어 포고는 대부분 의례에 사용되어왔다. 의회는 45개의 연방 공휴일과 연중행사를 포고를 통해 발표하도록 대통령에게 요청한다. 바이든의 첫 한 달 포고 5건은 통합과 이민 문제를 해결하기 위해 발표되었으나, 나머지 3건은 기념일·월을 지정하는 데 쓰였다.

3. 첫 한 달: 회복과 복원

공식 일정

───

바이든의 첫 '대통령 공식 일정'은 취임 후 한 달이 다 된 시점에 배치됐다. 그는 코로나19를 이유로 공식 외부 일정을 자제하고 비대면 회의로 대신해왔다. 그사이 비공식 일정도 국방 및 보훈, 코로나19에 집중됐다. 한 달 동안 바이든은 국가 기관으로는 국방부와 국립보건원 두 곳만 찾았다. 2월 19일에는 백신 제조업체 화이자를 방문했다.

바이든은 취임 후 첫 개인 일정으로 '마린원(대통령 전용 헬기)'을 타고 1월 29일 월터리드 국립 군의료센터를 방문했다. 이곳은 바이든에게 의미가 깊다. 30년 전 본인이 뇌동맥류 투병으로 이곳에 입원했고, 아들 보는 이라크 참전 후 돌아와 뇌암 투병을 했다. 바이든은 병원과의 인연을 언급하며 "부통령을 지낼 때도 (미국의 오랜 참전으로) 부상당한 군인이 많아지면서 자주 찾았다"고 했다. 『뉴욕타임스』는 "전쟁의 비용과 바이든이 내릴 결정의 무게를 상기시켜주었다"고 평했다.

협치의 복원

바이든은 '주류 기득권establishment'으로 비판받고 설득과 타협이 실종된 워싱턴에 정치를 되돌리려 하고 있다. 바이든은 50년 가까이 워싱턴 정가에서 몸담은 세월도 세월이지만 특유의 친화력으로 '워싱턴 최고의 인사이더'로 불린다.

바이든 대통령은 취임 2주 만인 2월 1일 백악관 집무실을 공화당 의원들에게 열었다. 그는 공화당 중도파 의원 10명과 마주앉아 코로나19 구제안을 설명했다. 『뉴욕타임스』는 "백악관 웨스트윙(업무동)이 여야 상원의원들이 끊임없이 드나드는 '회전문'이 됐다"고 표현했다.

바이든은 수시로 공화당 의원들에게 전화했다. 공화당 수전 콜린스 의원은 네 번이나 전화를 받았다고 했다. 2월 24일 반도체를 포함한 4대 핵심 품목의 공급망 문제를 논의하는 회의에도 여당뿐 아니라 공화당의 마이크 브라운 의원과 마샤 블랙번 의원을 불렀다. 2월 20일에는 암 투병 중인 밥 돌 전 공화당 의원을 찾아갔다. 4월에는 두 차례나 양당 의원들을 만나 인프라 법안을 설명하고 토의했다.

바이든의 복심인 스티브 리셰티 백악관 고문은 『애틀랜틱』과의 인터뷰에서 "바이든 대통령은 공화당 의원들과 의견 차이가 있더라도 서로 존중하며 예의 있게 대화할 수 있다고 확신한다"고 말했다.

정상 외교

바이든의 '전화 외교'가 보여준 것은 트럼프가 훼손한 '정상통화' 전통의 복원이다. 철저히 준비되고 예측 가능한 대화가 오갔다. 불필요한 이야기, 감언이설, 상대 국가원수에 대한 비방은 사라졌다. 이 관례의 복원 자체가 미국이 세계와의 관계를 재설정하겠다는 강력한 신호였다.

바이든의 첫 통화는 '동맹의 복원'을 시사했다. 바이든이 1월 23일 처음으로 통화한 해외 정상은 트럼프와 사이가 좋지 않았던 캐나다의 쥐스탱 트뤼도 총리였다. 바이든은 트뤼도와 통화하며 '키스톤XL 송유관' 건설 중지 결정을 설명하고 팬데믹과 경제 문제를 함께 논의했다. 멍완저우 화웨이 부회장 체포에 대한 중국의 보복으로 중국에 구금되어 있는 캐나다인 2명(북한 전문가 마이클 스페이버 '백두문화교류' 이사, 국제위기그룹 소속 전직 외교관 마이클 코브릭)의 송환 문제도 논의했다.

2월 24일 바이든의 첫 해외 정상회담(비대면) 상대 역시 트뤼도 총리였다. 캐나다는 미국 대통령들의 첫 순방지로 손꼽힌다. 그러나 이번 회담은 트럼프 정부 때 틀어진 양국 관계를 리셋하는 의미를 지녔다. 두 정상은 기후변화와 중국 문제를 중점적으로 논의했다. 양국은 민감한 키스톤XL 송유관 문제에 대해서는 언급을 피한 대신, 2050년까지 넷제로를 달성하는 데는 협력하기로 선언했다. 바이든은 중국에 구금된 캐나다인의 송환에 힘쓰겠다고 말했다. 트뤼도는 바이든을 "조"라고 불렀으며, 바이든은 "미국에게 캐나다만큼 가깝고도 중요한 친구는 없다"고 화답했다.

4. 첫 커뮤니케이션 : 모멘텀

바이든은 주요한 커뮤니케이션 모멘텀에 핵심 의제를 나눠 배치하고 집중하는 경향을 보였다. 첫 타운홀 미팅은 코로나19 구제법안을 홍보하는 목적이 강했다. 첫 기자회견에서는 코로나19 의제에서의 성과를 돌이켜보고 다음 의제인 인프라 법안을 설명하는 데 시간을 할애했다. 첫 의회 연설은 인프라 법안의 필요성과 그 후속 격인 미국 가족계획을 소개하는 자리가 되었다.

타운홀 미팅

첫 커뮤니케이션의 주제는 역시 코로나19였다. 바이든은 코로나19 구제법안이 의회에 제출된 직후인 2월 16일 위스콘신 주 밀워키에서 CNN이 주최하는 타운홀 미팅에 참가했다. 그는 코로나19 구제안(미국 구제 계획American Rescue Plan)에 대한 국민의 지지와 법안 통과를 위한 공화당의 협력을 호소했다. 90분 간 이어진 국민과의 문답에서 백신 보급 계획과 연말 이후 정상적인 생활에 대한 기대도 전했다. 위스콘신은 대선 당시 바이든이 트럼프를 역전시킨 지역이다. 트럼프 탄핵안이 부결된 지 사흘째였던 이날, 바이든은 더 이상 트럼프가 뉴스를 장악하는 일은 없을 것이며, "다음 4년간 중심은 미국인이 될 것"임을 선언했다.

기자회견

3월 25일, 바이든은 백악관 이스트룸에서 취임 후 첫 기자회견을 가졌다. 가장 주목받은 것은 '100일 이내 코로나 백신 접종 1억 회'의 공약을 이미 초과 달성했다는 발표였다. 바이든은 그 자리에서 목표치를 2억 회로 늘렸다. 2조 달러 인프라 법안의 1차 안인 미국 일자리 계획American Jobs Plan의 윤곽도 설명했다. 미국의 국제적 리더십도 잊지 않고 강조했다. 바이든은 민주주의 동맹의 복원을 약속하고 임기 내 "중국이 세계 최강국이 되는 일은 없을 것"이라고 자부했다. 앞서 공약으로 제시했던 5월 1일 이전 아프가니스탄 철군에 대해서는 기한을 지키지 못하더라도 추진할 것임을 명확히 했다.

의회 연설

바이든은 100일을 하루 앞둔 4월 28일, 첫 의회 합동 연설로 취임 100일을 기념했다. "제가 가족 성경에 손을 올리고 서약을 한 지 100일이 지났습니다. 국가는 위기 속에 있었습니다. 금세기 최악의 팬데믹, 대공황 이후 최대의 경제위기, 남북전쟁 이래 최악의 민주주의 (…) 100일이 지난 지금, 저는 국민에게 보고할 수 있습니다. 미국은 다시 움직이고 있습니다America is on the move again."

바이든은 미국 경제를 개혁하고 중산층을 재건하기 위해 막

대한 신규 투자와 세제 개혁이 필요하다고 강조했다. 또한 미래의 경쟁을 위해 가족 보호와 교육에 세기의 투자를 해야 한다며 일자리 계획의 후속 격인 1조 8000억 달러 예산의 미국 가족계획American Family Plan을 발표했다. 이는 바이든 경제 재건 패키지의 두 번째 파트로, 고소득자 과세로 재원을 마련해 교육 접근성 확대, 보육비 절감, 여성 취업 지원 등에 쓰겠다는 내용을 담았다.

5. '첫 100일': 일관성

바이든의 '첫 100일'에서 가장 두드러진 특징은 인수위 때부터 정책 우선순위를 선정하고 일관되게 집중했다는 점이다. 바이든은 인수위 과정에서부터 일곱 가지 의제를 우선순위 항목으로 뽑고 웹사이트와 페이스북 등에 반복적으로 노출시켰다. 취임 후 일주일 동안은 일곱 가지 의제에 대한 보고를 받고 관련 행정명령에 서명하며 임기를 시작했다. 100일 동안 바이든이 처리한 굵직한 사안들은 이 일곱 가지 의제에서 벗어나지 않았다.

① 코로나19: 백신 2억 도스와 구제안

바이든 인수위는 팬데믹에 대한 장기적 목표와 함께 구체적인 과제 7개를 발표했다.

- 모든 미국인이 무료 코로나 검사를 정기적으로 받을 수 있도록 한다
- 마스크와 손장갑 등 개인 방역 물품 공급 문제를 해결한다
- 가족, 학교, 기업, 지역사회가 팬데믹을 극복할 수 있도록 근거에 기반한 명확하고 일관된 지침을 제공한다
- 치료제와 백신은 공평하게 배포되도록 계획한다
- 고령자와 약자를 보호한다
- 중국으로부터의 위협 등 전염병 위협을 예측, 방지 및 완화할 수 있도록 시스템을 재구축한다
- 전국적인 마스크 의무화를 시행한다

취임 첫날부터 바이든은 위의 구체적 과제를 해결할 행정명령에 서명했다. 한 달 내 뾰족한 공식 일정으로 화이자 백신 생산 공장과 국립보건원을 방문했다. 100일 공약을 초과 달성해 100일 일주일 전 백신 보급을 2억 도스까지 끌어올렸다. 가장 먼저 추진한 거대 법안 역시 팬데믹으로 어려운 사람들을 돕는 대대적 구제책American Rescue Plan이었다. 취임 직전인 1월 14일 성인 1인당 1400달러를 지급하는 1조 9000억 달러 규모의 '슈퍼 부양안'이 제출돼 진통 끝에 3월 10일 의회 문턱을 넘었다.

② 경제: 인프라, 공급망과 일자리

코로나 부양안이 통과된 지 한 달이 되지 않은 3월 31일, 바이든 대통령은 대표적 러스트벨트인 펜실베이니아주 피츠버그에서 '미국 일자리 계획American Jobs Plan'이란 이름의 인프라 투자안을 발표했다. "이번 투자는 미국의 일자리 창출을 위한 제2차 세계대전 이후 최대 규모"라고 설명했다. 그는 인프라 투자안이 중국과의 경쟁에서 승리하는 발판이 될 것이라고도 했다.

인프라의 측면에서 해당 투자안은 노후한 미 전역의 도로·교량·항만을 재건하고, 서민 주택 건설, 초고속 5G 통신망 구축, 공립학교 건설 및 개선 등을 짚었다. 또한 제조업 중 반도체 산업 지원에 500억 달러(약 56조 원)를 배정하고 전기차 에너지 확대 등 청정에너지 사업엔 4000억 달러를 산정했다. 노인과 장애인 돌봄 및 실직자의 재활 프로그램도 예산에 포함되었다. 미국 노동통계국에 따르면 4월까지 미국 경제는 165만여 개의 일자리를 추가했다.

③ 보건복지: 오바마 케어

바이든은 팬데믹으로 급증한 의료 서비스 수요를 충족시키고 의료 비용 절감과 의료 체계의 간소화를 위해 건강보험개혁법Affordable Care Act(일명 오바마 케어)을 되살리겠다고 약속했다. 바이든 정부는 오바마 케어의 약점을 보완해 더 많은 이가 더 저렴한 비용에 건강보험 혜택을 볼 수 있도록 했다. 기존 오바마 케어는 소득이 연방 빈곤선 400퍼센트 이하여야 가입할 수 있었다.

바이든은 가입 자격을 확대했다. 1인당 보험료를 낮추었고 특히 빈곤계층이 비용 없이 치료받을 수 있는 길을 열었다. 반응은 폭발적이었다. 특별 등록 기간에만 120만 명이 가입해 등록 기간을 연장했다. 건강보험 가입자는 역대 최대치를 기록했다.

④ 미국의 국제적 위상 회복: 다자체제 복귀와 아프가니스탄 철군

바이든 인수위는 세계에서 미국의 위상을 회복하는 것을 우선순위로 꼽았다. 국제적 신뢰를 회복해 민주주의 동맹을 재건하고 미국의 가치와 인권을 중심으로 다시 대외 정책을 수립하겠다는 목표를 세웠다. 오바마 정부 외교·안보 인력풀이 대거 소환되었고, 특히 대중국 전략을 담당하는 조직에 힘을 주었다.

취임 후 바이든은 다자체제로의 복귀와 동맹의 회복을 꾀했다. 취임 한 달째인 2월 18일, 19일에는 연이어 나토 회의, G7 비공개 화상회의와 뮌헨안보회의를 선제적으로 진행하며 "미국이 돌아왔음America is back"을 설파했다. 러시아의 2020년 선거 개입과 대규모 사이버 해킹에 대응해 제재를 가하고 블라디미르 푸틴 러시아 대통령을 '킬러'라고 지칭하며 강경 대응했다. 중국에는 인권 문제를 앞세웠으며 트럼프의 이란 제재를 고수했다.

바이든 100일의 가장 큰 대외 정책 이슈는 아프가니스탄 철군이었다. 바이든은 후보 시절부터 지속적으로 아프가니스탄 철군을 시사해왔다. 이는 더 이상 해외 파병으로 미국의 청년들을 희생할 수 없다는 국내 여론의 반영이었다. 또한 바이든 팀의 트라우마가 된 오바마 정부 아프가니스탄 정책의 실책을 바로잡는 일이기도 했다. 장남 보 바이든의 사망은 아프가니스탄 철군 결정의 개인적 동기이기도 하다. 바이든은 보의 사인인 뇌종양의 원인을 이라크전 참전 당시 유독가스 흡입으로 믿고 있다. 바이든은 4월 14일 아프가니스탄 철수를 발표한 후 알링턴 국립묘지를 방문해 참전 용사들을 기리며 그의 신념을 하나의 장면으로 승화시켰다.

그러나 20년 전쟁의 마침표를 찍는 결정은 대혼돈의 과정으로 크게 빛이 바랬다. 미국은 '9월 11일 이전'이라는 기한을 정해놓고 8월 31일 철군을 강행했다. 미군이 나간 후 아프간과 탈레반이 권력을 나눠 갖기로 한 그림은 깨졌다. 탈레반은 열흘 만에 카불에 입성해 다시 정권을 잡았다. 미국과 유럽 동맹국 간의 신뢰에도 금이 갔다. 미국의 요청으로 파병한 유럽 동맹국들은 제대로 준비도 못 한 채 미국의 일방적인 결정과 철군 과정에 끌려가야 했다.

테러로 아프간인 100여 명과 미군 13명이 희생되었다. 10만이 넘는 아프간인이 탈출했다. 미국 수송기에 애처롭게 매달리는 아프간인들, 민간인이 희생되고 파괴된 카불 현지의 모습, 미군이 남기고 간 무기를 착복한 탈레반 등 비극적 잔상이 그대로 남았다. 아프간 여성 인권 문제 등도 논란거리로 오르내렸다.

바이든의 지지율은 폭락했다. 마지막 수송기가 이륙한 후, 바이든은 20여 분간 기자회견을 열었다. 그는 이 자리에서 "영원한 전쟁도, 영원한 퇴장도 연장할 생각이 없었다"며 아프간 철군이 "미국을 위한 최고의 결정"이라고 다시금 강조했다. 더 매끄러운 출구 전략이 있을 수 있었다는 비판도 일축했다. 그는

"세상이 변했다"고 했다. 중국과 사이버 공격, 핵 확산에 맞서야 할 때이며 철군으로 확보하게 되는 자원을 인도태평양 지역에 투입하고자 한다고 덧붙였다.

아프간 철군 사태는 미국 외교안보 전략의 '뉴노멀'을 보여준다. 바이든식 외교는 다자기구와 동맹으로의 회귀를 꾀한다. 동시에 해외 파병에서 발을 빼고 트럼프의 자국우선주의 색채를 남겨두었다. 일방주의적unilateralism 접근을 지양하되, 과도한 국제주의internationalism로 자국민이 희생되고 자원이 낭비되는 일도 막겠다는 것이다. 자국의 이익을 먼저 챙기면서 동시에 국제 질서를 지키는 '큰형' 노릇은 내려놓고 동맹을 섬득해 다자 압박을 성사시키는 일은 딜레마다. 바이든은 '미국 중산층을 위한 외교'를 해나가겠다고 했다. 앞으로도 바이든의 외교 전략은 미국의 경쟁력을 제고하고 국내 문제 해결에 도움이 되는 방향으로 설정될 것으로 보인다.

⑤ 기후변화

바이든 정부는 '기후위기climate crisis' 혹은 '기후 비상사태 climate emergency'를 공식 명칭으로 사용한다. 바이든은 취임 일

주일 후 '국내외 기후변화 대응을 위한 행정명령'에 서명하고 무엇보다 발 빠르게 2015년 파리 협정에 재가입했다. 2050년까지 넷제로 달성을 약속하고 4월 22일 기후정상회의를 열었다. 이 자리에서는 2030년까지 2005년 대비 온실가스 배출량을 50퍼센트가량 감축하겠다는 구체적인 목표를 발표했다. 전기자동차와 청정에너지에 수십억 달러를 투자하는 내용이 인프라 계획에 포함되었다. 연방 토지와 수역에 대한 신규 석유 시추 및 가스 임대 사업도 중단했다.

⑥ 이민

바이든은 이민자들을 환영하고, 이민자 가족이 미국에 기여할 수 있는 공정하고 질서 잡힌 이민제도를 만들겠다는 비전을 제시했다. 바이든 인수위에는 이민 문제 전문가들이 다수 포진했다. 3월 기자회견장에서 가장 오랜 문답이 진행된 것도 이민 정책이었다. 2020년 최저점을 기록했던 멕시코 국경을 넘어오는 이민자 수는 바이든 취임 이후 폭발적으로 증가해 역대 최고점을 찍었다. 바이든 정부는 부모 미동반 이주 아동들을 보호하기 위해 최소 11개의 새로운 임시 시설을 세울 것을 발표했다. 미국 남부 국경에 유입되는 이주민을 관리하기 위해 남미 국가들과 협력하는 일은 부통령 카멀라 해리스가 직접 지휘를 맡았다.

⑦ 인종 평등

바이든 인수위는 2020년 미국을 압도했던 의제인 인종 평등을 다룰 팀을 구성하고 수전 라이스에게 맡겼다. 바이든은 '공정과 평등equity'을 모든 의제의 중심에 두겠다고 밝혔다. 형사 사법 개혁을 통한 공정과 평등 의제의 개선, 의료 및 교육 격차 해소, 공정한 주거 강화, 소수 원주민 주권 존중 등을 핵심으로 제시했다.

프랭클린 D. 루스벨트의 '첫 100일'

"과거에 시도한 수단과 곧 시작할 수단 사이에 명확한 경계선을 그어라."

역사학자 도리스 굿윈은 『혼돈의 시대 리더의 탄생』에서 미국 제32대 대통령 프랭클린 루스벨트의 '첫날'을 이 문장으로 시작하고 있다.

1933년 3월 4일 루스벨트는 취임식과 동시에 그의 유명한 '첫 100일'을 시작했다. 루스벨트는 '첫 100일' 플랜으로 역사적인 '뉴딜' 정책을 성공시키고 미국을 대공황에서 건져올렸다.

루스벨트가 막 당선되었을 때, 대공황 한복판에 있던 미국인들은 모두 회의했다. 정부가 우리를 구해줄 수 있을 거라 믿지 않았다. 루스벨트가 보기에 가장 필요한 건 하나의 리더십 아래 위기를 극복할 수 있다는 확신이었다.

루스벨트는 취임식부터 단순히 정권이 교체된 것이 아니라 앞으로 '새로운' 일이 벌어질 거라는 것을 상징적으로 보여주고자 했다. 취임식 당일 아침 그는 국무위원 전원과 보좌관, 가족과 친구를 모두 데리고 무릎을 꿇고 기도했다. 본인이 직접 취임 선서문을 빠짐없이 낭독했다. 취임 연설의 주제는 '긴박감 sense of emergency'이었다. 그는 실업률, 은행 파산 그리고 신뢰의 상실 위기를 거론하며 "미국은 지금 당장 행동을 요구한다"고 예고했다.

행동은 바로 시작됐다. 루스벨트는 취임 이틀 후인 3월 6일 은행의 파산을 막기 위해 전국 은행에 휴업 명령을 내렸다. 3월 9일 의회는 비상은행법을 통과시켰다. 취임 8일째인 3월 12일 그는 라디오 연설을 시작했다. 유명한 '노변담화fireside chat'다. 3월 13일 은행의 영업 재개를 앞둔 전날 밤 10시였다. 루스벨트는 6000만 청취자들에게 "지난 며칠 동안 무슨 일이 있었는지, 왜 그랬는지, 다음 단계는 어떻게 될 것인지" 명확히 설명했다. 라디오 연설은 1944년 6월까지 총 30회 이어졌다. 위기의 시간 '노변담화'는 소문과 불안을 잠재우고, 회의감을 조성하는 미디

• 노변담화 중인 루스벨트

어에 대응하고, 국민에게 직접 설명하는 역할을 했다.

루스벨트는 취임 즉시 3개월 임시의회를 소집해 대공황을 극복하기 위한 15개 법안을 신속히 통과시켰다. 실업과 빈곤

긴급구제, 일자리 창출, 산업·경제 등 국가경제 재건을 위한 다양한 공공사업을 시행하는 것이 핵심이었다. '첫 100일' 동안 루스벨트는 총 76개의 법안을 통과시키는 전무후무한 기록을 세웠다.

무엇보다 루스벨트의 '첫 100일'은 미국의 분위기를 바꿔놓았다. 루스벨트의 리더십은 나약함과 절망을 위기를 극복할 수 있다는 희망, 용기, 대담함으로 바꿨다. 또한 연방정부에 힘과 권위가 생겼다. 미국인들은 위기가 닥쳤을 때 정부에 기댈 수 있다는 걸 알게 됐다.

'첫 100일'이라는 용어는 루스벨트가 처음부터 규정한 것은 아니다. 그는 취임 100일이 지난 7월 24일 라디오 연설에서 지난 시간을 회상하며 "뉴딜 정책의 출발에 헌신한 100일"이라고 표현했다. 이후 대통령의 '첫 100일'은 상징적인 의미를 띠게 됐다. '첫 100일'은 여전히 대통령의 초기 성공을 가늠하는 척도로 여겨진다.

'첫 100일'은 완벽한 척도는 아니지만 유용한 척도다. 물론 대통령의 임기는 '첫 100일'보다 훨씬 더 긴 게임이다. 케네디는 취임 연설에서 "이 모든 것이 처음 100일 안에 끝나지는 않을 것"이라고 했다. 클린턴의 '첫 100일'은 거의 모든 사람에게 재앙으로 여겨졌지만 8년 후 그가 퇴임했을 때 지지율은 70퍼센트에 육박했다. 백악관 참모들은 수십 년간 '100일'이 인위적인 잣대라고 불평하곤 했다.

그러나 '첫 100일'은 단순한 숫자를 넘어선다. 대통령이 막 취임한 '첫 100일'은 리더십이 신선하고 새로워 보일 때, 승리의 기운이 여전히 남아 있을 때, 의회에 미치는 영향력이 최고조에 달할 때다. 정부가 그 어느 때보다 주목받고 추진력을 갖는 시기다.

'첫 100일'은 새로운 리더십이 얼마나 행동에 나서는지를 보는 척도로 끊임없이 활용되어왔다. 물론 역사학자들은 루스벨트의 정책들이 실제로 대공황을 종식시키는 데 도움이 되었는지 아직도 논쟁한다. 그러나 루스벨트는 '첫 100일'로 대표되는 신속하고 대담한 추진력으로 거대한 사회적, 경제적 실험인 뉴딜 정책을 성공적으로 이끌었다. 여전히 그는 과감한 리더십으로 위기를 극복하고 국가 통합의 청사진을 그려낸 최고의 리더로 존경받는다.

루스벨트 '첫 100일'의 열여섯 가지 원칙

1. 과거에 시도한 수단과 곧 시작할 수단 사이에 명확한 경계선을 그어라

2. 국민의 사기를 되살리고, 현실주의와 낙관주의 사이에서 적절한 균형을 유지하라

3. 목적과 방향을 공유한다는 의식을 심어주라

4. 국민이 리더에게 무엇을 기대할 수 있고, 리더가 국민에게 무엇을 기대하는지 솔직하게 말하라

5. 솔선수범하라

6. 행동과 변화를 두려워하지 않는 팀을 꾸려라

7. 숨을 돌리며 쉬는 시간, 즉 시간의 창문을 제공하라

8. 모든 이해 당사자와 함께하라

9. 마감시간을 정하고, 그 시간을 맞추기 위해 전력을 다하라

10. 기본 원칙을 명확히 언론에 제시하고 철저하게 지켜라

11. 이야기하듯이 단순하게 말하고, 국민에게 직접 말하라

12. 구조적인 문제를 해결하라. 지속적인 개혁을 시행하라

13. 열린 자세로 실험하라. 새로운 문제를 다루는 융통성 있는 기관을 설계하라

14. 경쟁과 토론을 독려하라. 창의력을 자극하라

15. 공식적인 소식통에 만족하지 말고, 정보를 여과 없이 전해들을 수 있는 통로를 확보하라

16. 적응하라. 필요하면 신속히 방향을 전환하라

_ 도리스 컨스 굿윈, 『혼돈의 시대 리더의 탄생』, 481~530쪽

김대중 전 대통령 국정 운영 수칙

1. 사랑과 관용 그러나 법과 질서를 엄수해야

2. 인사 정책이 성공의 길이다. 아첨한 자와 무능한 자를 배제

3. 규칙적인 생활, 적당한 운동, 충분한 휴식으로 건강을 유지

4. 현안 파악을 충분히 하고 관련 정보를 숙지해야

5. 대통령부터 국법 준수의 모범을 보여야

6. 불행한 일도 감수해야 한다. 다만 최선을 다하도록

7. 국민의 애국심과 양심을 믿어야 한다. 이해 안 될 때는 설명 방식을 재
고해야

8. 국회와 야당의 비판을 경청하자. 그러나 정부 짓밟는 것 용서하지 말아야

9. 청와대 이외의 일반 시민과의 접촉에 힘써야

10. 언론의 보도를 중시하되 부당한 비판 앞에 소신을 바꾸지 말아야

11. 정신적 건강과 건전한 판단력을 견지해야

12. 양서를 매일 읽고, 명상으로 사상과 정책을 심화해야

13. 21세기에의 대비를 하자. 나라와 국민의 미래를 명심해야

14. 적극적인 사고와 성공의 상像을 마음에 간직

15. 나는 할 수 있다. 하느님께서 같이 계신다

大統領守則

(사랑과 寬容) 모든 사람에게 사랑과 寬容으로 대하되 원칙과 紀律을 嚴守 하여야한다.

守則

1. (사랑과 寬容) 그러나 가令에 紀律嚴守해야.
2. 人事政策 小成功 하되 아첨하는자에 속지말고 能한者를 排除
3. 規則的인 生活, 適當한 運動, 充分한 休息으로 健康維持.
4. 懸案은 把握하고 圍朋하되 秘密을 유지해야한다.
5. 大統領할수록 國民 畏敬의 模範을 보여라.
6. 不幸한 자도 甘受해라. 다만 恭遜하라 하도록
7. 國民의 말을 듣고 잘 믿어라. 誤解안되도록 說明方式 해야해
8. 國內의 新聞과 批判에 傾聽하되 그러나 政府의 입장도 充分히말하라.
9. 靑瓦臺 以外의 一般市民 과의 接觸에 힘써라.
10. 言論과 報道를 重視하되 자비에 傾倒되지말라.
11. 精神的 健康과 健全한 判斷力을 유지해라.
12. 每日 日記를 써라.
13. 최후는 國民 보람을 느끼게.
14. 하느님과 民族. 國家前에 부끄럼없이.
15. 나 없어도 하느님이 도와 게시다.

분석

1. 준비를 위한 준비, 인수위도 준비해야 한다

무엇보다 바이든 인수위의 성공 요인은 철저한 준비에 있었다. 바이든은 후보로 확정되기 전부터 인수위 구성을 고민했다. 바이든-해리스 후보가 확정된 여름에는 이미 인수위 팀이 굴러가고 있었다. 코로나19에도 불구하고 인수위는 밤낮으로 비대면 회의를 열고 공약을 토대로 인사와 정책을 검토했다. 덕분에 인선은 빨랐고 대선 전 이미 코로나19 대응팀, 정부 평가팀이 상세히 구성돼 있었다. 당선 수락 연설도 모두 준비돼 있었다.

이는 바이든의 강력한 레거시가 있었기 때문에 가능했다. 그런 점에서 미국은 운이 좋았다. 바이든은 전례 없이 혼란스러운 인수 시기를 잘 관리할 수 있는 최적의 인물이었다. 이 모든 일을 할 수 있는 유일한 후보였다고 해도 과언이 아니다.

첫 번째 자산은 경험이었다. 바이든은 부통령을 지낸 8년 내내 백악관이 어떻게 돌아가는지 봐왔다. 또한, 오바마의 결정 중에서 자신은 다르게 하고 싶었던 부분이 뭔지도 명확히 알고 있었다. 바이든은 오바마 정부 내 '레드팀'으로 유명했다.

둘째, 검증된 인재가 많았다. 민주당 정부 중 12년 만에 집권한 빌 클린턴 정부와 달리, 바이든은 단 4년 만에 백악관으로 돌아왔다. 공백이 너무 길었던 클린턴 정부의 첫 해는 인사 잡음이 끊이지 않았다. 반면 바이든 곁에는 폭넓고 다양하며 견실한 인재 풀이 있었다. 덕분에 다양성과 경험, 통합을 모두 고려해 인사를 할 수 있었다. 바이든 팀은 오바마 정부의 실책도 가장 잘 알고 있는 사람들이다.

셋째, 약 50년 간 정치를 해온 바이든은 민주당뿐 아니라 공화당 의원들, 해외 정치인들과 폭넓은 인맥을 가지고 있다. 바이든의 첫 한 달 동안 내각의 상원 인준에서 공화당의 수장인 미치 매코널과 진보 진영 수장 버니 샌더스는 각각 딱 한 번 반대표를 던졌다. 많은 해외 정상, 고위급 인사와는 이미 공유하는 추억이 있다.

2. 뾰족한 우선순위를 세우고
일관되게 반복하라

대선 후 미국의 가장 심각한 위기는 정부와 정치에 대한 신뢰의 붕괴였다. 그래서 바이든은 '약속'에 집중했다. 새 정부가 중시하는 일곱 가지 의제를 명확한 우선순위로 뽑고, 공개적으로 선언하고 반복적으로 상기시켰다. 그리고 이를 어떻게 정책으로 실행해나가는지 국민이 과정을 모두 지켜볼 수 있도록 했다. 비전을 일관성 있게 말과 행동으로 반복해나가는 것은 거버넌스의 안정성과 신뢰를 회복하는 방법이다.

3. 위기해결형 인선을 핵심 원칙으로,
변화는 '상징적 1호'로

　인사는 곧 정책이다. 바이든은 백악관과 정부를 구성하면서 위기 상황의 인선 원칙을 핵심에 두었고 일관성 있게 지켰다. 첫째, 해결해야 하는 문제를 잘 알고, 무슨 일을 할 수 있는지 잘 아는 전문가를 중심으로 발탁했다. 앤서니 파우치 국립 알레르기·전염병 연구소장과 같은 전문가들이 앞장서도록 했다. '재탕 인사'라는 비판에 구애받지 않고 바이든의 비전에 맞게 일을 잘 할 수 있는 사람들을 찾았다. CIA 국장에 빌 번스, 재무장관에 재닛 옐런과 같이 공화당의 반대가 별로 없는 안정적

인사를 발탁한 것도 특징적이었다. 또 자신을 오랫동안 잘 알아온 이들을 추려 비서실장, 인수위원장 등 가장 가까운 곳에 두거나, 자신의 생각을 대변할 수 있는 위치에 발탁했다.

그러나 새 정부가 출범하면 새 인물을 기대하기 마련이다. 바이든은 동시에 상징적인 '1호' 인사를 잘 활용해 변화를 보여줬다. 바이든 내각은 '최초들의 내각Cabinet of Firsts' '미국을 닮은 내각'이라는 별명을 얻었다.

4. 계획과 준비를 보여주는 것도 액션이다

마음은 급했지만 취임과 동시에 모든 것이 120퍼센트 굴러 갈 수 있는 상황은 아니었다. 정부의 시스템은 무너져 있었다. 주요 내각 인선은 상원 인준을 거쳐야 했다.

바이든이 첫 한 달 동안 서명한 행정명령과 각서의 대부분은 뭔가를 도모하기 위해 검토를 지시하는 내용이었다. 어떤 과정을 개선하기 위한 검토, 보고 체계 설계, 태스크포스 구성에 대한 명령이었다. 아직 명확한 해결 방법을 제시하거나 뚜렷한 성과를 보여줄 수 없는 단계에서 바이든은 목표를 제시하고 이를 위해 무엇을 하고 있는지 과정을 촘촘하게 보여줬다.

실행을 위해 무엇을 검토할 것인지, 무엇을 계획하고 준비할 것인지를 보여주는 것도 중요한 액션이 된다. 특히, 철저한 리뷰는 그다음 스텝을 위해서 필수적이다.

5. 취임식과 집무실까지
상징적 장면으로 연결하라

취임식은 '진실의 순간Moment Of Truth, MOT'의 시작이다. 마케팅에서 '진실의 순간'은 고객·사용자가 브랜드, 제품 또는 서비스와 상호 작용하여 특정 인상을 형성하거나 변경하는 순간을 의미한다.

조 바이든 취임식에는 수십만 명의 환호로 가득 찬 현장이 없었다. 대신 바이든 팀은 메시지를 보여줄 몇 가지 상징적 장면으로 취임식을 기획했다. 취임 전날 코로나19로 사망한 40만 명을 추모하기 위해 '리플렉팅 풀(내셔널몰의 연못)'을 400개의

• 코로나19로 사망한 40만 명을 기념하는 '리플렉팅 풀'에서의 기념행사.
ⓒ조 바이든 페이스북

• 바이든이 128년 된 가족 성경으로 취임 선서를 하고 있다. ⓒ미 의회 합동취임식준비위원회JCCIC

불빛으로 둘러쌌다. 인파를 대체한 것은 19만1500개 깃발이 동원된 '깃발의 들판'이었다. 당적을 초월한 전직 대통령 3명이 한자리에 모인 장면은 불참한 트럼프의 흔적을 지웠다. 22세 흑인 여성 시인의 당찬 손짓이 화면을 가득 채웠고 카멀라 해리스, 힐러리 클린턴, 미셸 오바마는 보랏빛 의상을 맞춰 입고 나왔다. 바이든이 손을 얹은 큼직한 성경은 카메라의 클로즈업을 받았다. 1893년부터 내려온 바이든 가문의 성경으로, 고인이 된 아들 보가 델라웨어주 법무장관 취임 때 썼던 성경이다. 온라인으로 청중에게 더 잘 가닿을 수 있는 시대에 상징적 장면의 설계는 필수적이다.

6. 통제 불가,
예측 불가의 시간일수록 기대치를 조절하라

정치에 대한 신뢰가 바닥일 때 사람들은 쉬이 실망하고 분노한다. 정치에 대한 신뢰를 회복하겠다고 선언한 바이든은 희망찬 미래를 약속했다. 바이든 선거 캠프는 준비된 모습으로 장밋빛 미래를 보여줄 정확한 날짜와 계획을 제시했다. 그러나 1년이 지난 지금, 국민의 눈에는 크게 바뀐 것이 없다.

바이든은 2021년 2월 기자회견에서 "크리스마스에는 지금과 매우 다른 환경에 있을 것"이라고 단언했다. 4월 말에는 "코로나로부터의 독립"을 천명했다. 그러나 7월부터 델타 변이와 오미크론이 미국을 집어삼켰다. 정상적인 연말을 꿈꾸던 미국인들은 크리스마스 약속을 취소하고 또 다시 전국으로 퍼지는 전염병에 불안을 느껴야 했다.

바이든은 미국 중산층을 위한 경제 회복을 약속하고 일련의 구제 정책을 선제적으로 내놓았다. 그러나 미국의 중산층은 잇단 공급망 불안과 살인적인 인플레이션을 매일의 삶에서 피부로 느껴야만 했다. 2021년 11월 초 70척의 수송선이 로스앤젤레스와 롱비치의 항구 밖에서 꼼짝도 하지 못하는 장면은 미국민의 뇌리에 박혔다.

바이든은 통합을 외쳤지만, 백신과 마스크 의무화, 조지 플로이드 사건 판결, 카일 리튼하우스 사건 등 국내 분열을 더욱 가시화하는 이슈와 시위는 끊이지 않았다. BBC는 상황은 예측할 수 없고 통제할 수 없는데 바이든의 1년은 약속으로 넘쳐났다고 지적했다. 객관적 환경이 척박한 것은 사실이다. 그러나 누구도 "어쩔 수 없었어. 바이든 탓이 아니야"라고 말해주지 않는다.

7. 속도와 실행력이 우선한다

신중하고 꼼꼼한 것은 바이든의 가장 큰 미덕이다. 바이든은 정책을 계획할 때 오랜 회의를 거치는 것으로 유명하고, 실행 전 마지막 점검까지 논의에 논의를 거듭하는 것으로 알려졌다. 그러나 코로나19 위기에서는 신속하게 결정하고 새로운 변화에 유연하게 대처하는 능력이 더 중요해졌다. 열심히 준비한 좋은 정책의 수혜가 국민에게 고루 돌아가려면 기민한 실행과 빠른 피드백이 담보되어야 한다.

정부 조직은 몸이 무겁다. 바이든 정부가 경기부양안을 최대한 발 빠르게 통과시켰지만 도움을 기다리는 이들에게 정책 수혜가 돌아가기까지 모든 과정은 턱없이 느렸다. 사각지대에 놓인 저소득층 아동을 지원하는 사업은 주 정부와 손발을 맞추는 데 시간을 소모하며 지지부진해졌다.

게다가 미국 의회의 비효율성은 심각해지고 있다. 상원의 50 대 50 구도는 줄곧 바이든 정부의 발목을 잡았다. '첫 100일' 동안 바이든이 서명할 수 있었던 법안은 11개뿐이었다. 프랭클린 루스벨트 이래 대통령이 100일 내 서명한 법안 개수로 따지면 가장 적다.

8. 쉽게 경험의 함정에 빠진다.
레거시를 넘어서라

해왔던 방식으로 되돌리는 것은 '노멀'이 아니다. 바이든의 레거시는 강점인 동시에 단점이 되었다. 바이든 팀은 경험이 풍부하다. 오바마 행정부에서 많은 것을 봐왔고, 트럼프 4년 임기 동안 열심히 공부했다. 그렇기에 원칙과 신념이 확고하고, 그대로 실행해가는 모습을 보인다. 그들은 무얼 해야 할지 대부분 알고 있다. 그러나 안다고 생각하는 순간 경험의 함정을 피해갈 수 없다. 참모들은 "바이든은 79년 동안 이렇게 해왔어요. 변할 수 없어요"라고 말하며, 이는 그의 가장 큰 단점일 수 있다.

9. 커뮤니케이션은 대통령의 책무다

바이든은 취임 첫해 기자회견(단독 기자회견+공동 기자회견)을 총 9회 가졌다. 트럼프 22회, 오바마 27회와 비교해 턱없이 부족한 횟수다. AP통신은 "가장 투명한 행정부가 되겠다고 약속했지만 백악관이 장막을 걷어내고 어젠다를 제대로 설명할 기회를 놓치는 것 아니냐는 의문에 직면했다"고 평했다. 신중한 스타일의 바이든으로서는 연설 준비에 많은 시간이 소요된다. 여기에 트럼프를 반면교사 삼아 커뮤니케이션보다 긴급한 상황을 수습하고 실제적인 일을 하려는 경향을 보였다.

그러나 대통령의 커뮤니케이션은 가욋일이 아니라 책무다. 국민의 이해와 신뢰를 얻는 힘은 메시지를 반복하는 데서 나온다. 리더가 목표와 할 일을 반복해 말하는 것은 일관성, 신념, 진정성을 의미하는 것이다.

10. 인정하라. 분열과 불신은 디폴트다

선거 기간, 바이든은 끊임없이 분열된 나라를 통합하겠다고 약속했다. 그러나 1년이 지난 지금, 양측은 서로를 더 미워한다. 한 미디어는 "미국을 통합하는 유일한 힘은 '상호 혐오'"라고 비관했다. 바이든의 당선 당시 지지율은 51퍼센트였다. 국민의 절반은 이미 그를 싫어했다.

지난 1년 간 미국 사회는 필리버스터, 낙태, 백신과 마스크 의무화, 원격 수업, 인종 문제와 좌우 '문화 전쟁(캔슬 컬처)' 등으로 끝없는 가치의 간극을 확인했다. 특히, '흑인의 생명도 소중하다BLM' 시위대에게 총을 쏘고 무죄판결을 받은 카일 리튼하우스 사건은 총기 규제와 형사 사법제도에 대한 격렬한 논쟁과 소동으로 비화되었다. 인종 간, 세대 간, 지역 간 다른 삶을 살고 다른 정보를 듣는 현상은 가속화되었다.

바이든의 협치 모델은 잘 작동하지 않았다. 일례로, 공화당 상원의원은 단 한 명도 코로나 법안에 찬성하지 않았다. 중도 성향의 민주당원들 역시 이민법 개정, 투표권 연장, 대규모 인프라 패키지에서 바이든과 의견을 달리했다.

첫 90일을 위한 열 가지 원칙

1. 스스로를 준비하라

가장 큰 함정은 과거에 통했던 방법이 새 업무에서도 그대로 통할 것이라는 가정이다.

2. 신속히 파악하라

새로운 조직에서 최대한 신속하게 필요한 것들을 파악해 학습 곡선의 정점을 넘어서야 한다. 시장, 제품, 기술, 시스템, 구조는 물론 조직의 문화와 정치도 파악해야 한다.

3. 상황에 맞는 전략을 구사하라

상황이 달라지면 보직 이동을 계획하고 실행 방법을 조정해야 한다. 행동 계획 전에 먼저 상황을 정확히 진단해야 한다.

4. 성공 기준을 협상하라

새로운 상사와 생산적인 업무관계를 구축하기 위한 방법, 상사의 기대를 조정할 방법을 찾아야 한다. 상황, 기대, 업무 스타일, 자원, 개인적 발전을 놓고 상사와 진지한 대화를 나눌 계획을 세워야 한다.

5. 초기 승리를 확보하라

부임 초기의 승리는 여러분에 대한 신뢰를 높이고 추진력을 확보하는 밑천이다. 새로운 직책을 맡은 지 첫 몇 주 안에 신뢰를 얻을 기회를 찾아내야 한다.

6. 재조정하라

지위가 올라갈수록 설계자 역할이 중요하다. 조직 전략 판단하기, 조직 구조를 전략에 일치시키기, 전략적 의도를 실현할 시스템과 기술 기반 개발하기 등을 스스로 해야 한다.

7. 자신의 팀을 건설하라

상황에 맞게 팀을 재구성해야 한다. 부임 초기에 단호한 인사 조치를 취하는 결단력, 사람을 적재적소에 배치하는 능력은 인수인계 시기에 성공을 이끄는 중요한 힘이다.

8. 협력관계를 구축하라

목표를 달성하기 위해서는 조직 안팎의 지지 세력이 필요하다. 성공하는 데 도움이 되는 사람이 누구인지를 파악하고, 그 사람을 당신 편으로 만들 방법을 찾아야 한다.

9. 스스로를 관리하라

균형 감각을 유지하라. 인수인계 시기에는 시야가 좁아질 가능성, 고립될 가능성, 오판의 가능성이 크다. 적절한 조언과 상담을 구할 수 있는 인적 네트워크도 반드시 필요하다.

10. 모든 사람을 가속시켜라

전입해온 직속부하, 상사, 동료들의 보직 이동을 도와야 한다. 체계적인 보직 이동은 여러분의 업무뿐 아니라 조직 전체에도 엄청난 이익이 된다.

_ 마이클 왓킨스, 『90일 안에 장악하라』, 20~27쪽

당선인을 위한 첫 번째 두 가지 질문

드와이트 아이젠하워와 리처드 닉슨 대통령의 참모를 지내고 브루킹스연구소에서 미국 정부와 대통령을 연구하는 스티븐 헤스는 당선인을 위한 워크북 『이제 무엇을 해야 하나?』에서 당선인이 가장 먼저 답해야 할 두 가지 질문을 던진다. 단순하지만 매우 본질적인 질문이다. 먼저, 유권자들이 당신에게 투표한 이유 다섯 가지를 나열해본다. 국정 연설문을 쓰기 시작할 때 이 목록을 참고하라.

유권자들은 왜 당신을 선택했는가?

❶ _____

❷ _____

❸ _____

❹ _____

❺ _____

두 번째로 캠페인 기간 동안 했던 가장 중요한 다섯 가지 약속을 적어본다. 목록은 짧고 실행 가능한 것으로 선택해 작성한다.

당신은 무슨 약속을 했는가?

❶ _____

❷ _____

❸ _____

❹ _____

❺ _____

_ 스티븐 헤스, 『이제 무얼 해야 하나What Do We Do Now』, 7쪽

About 인수위
: 인수위는 진화한다

미국의 인수위는 시대의 요구에 따라 끊임없이 진화해왔고 그래야 한다.

대통령직 인수인계presidential transition란 대통령 당선인이 현직 대통령으로부터 연방정부의 행정권을 넘겨받을 준비를 하는 과정이다. 1963년 미국 의회는 정권 간 질서 있는 권력 이양을 위해 처음 대통령직인수법Presidential Transition Act을 제정했다. 대부분 인수 과정을 지원하는 예산의 상한선을 정하는 내용이었다. 이때 인수위의 기본적인 역할은 순조로운 정권 이양을 위한 실무적인 준비를 하는 것이었다.

9·11 테러의 원인으로 조지 W. 부시 인수위의 지연이 지목되며 미국 대통령 인수위는 빈틈없는 국정의 연속을 위해 제도화되고 정교해졌다. 동시에 인수위는 정권 초기 새로운 리더십의 성패를 결정하는 선거 후 고도의 캠페인으로 작동하고 발전해왔다. 이제는 팬데믹 같은 전례 없는 위기, 정치적 양극화와 진영 갈등, 외국 정부의 개입이나 지정학 위기도 인수 과정에 막대한 영향을 미친다. 인수위를 위한 위기관리도 필요한 시대다.

인수위는 대전환을 감당하는 고도의 행정이다
——

인수 과정은 막중한 국가의 리더십이 한날한시에 교체되는 일이다. 취임과 동시에 미국 대통령 당선인은 연방 직원 400만 명을 이끄는 리더가 된다. 그의 손에 맡겨진 예산은 약 6조 8066달러다. 새 정부는 단기간에 일어나는 엄청난 변화를 감당하고 관리해내야 한다. 절대 틈이 생겨서는 안 된다. 그래서 인수위의 핵심은 기존 정부에서 새 정부로 국정이 공백 없이 이어지도록 하는 것이다. 대전환의 시기에 혼란을 최소화해야 새 정부가 추진력 있게 나아갈 수 있다.

현행 대통령직인수법에 따라 미국 연방정부의 총무부서 격인 미 연방조달청General Service Administration, GSA은 당선인을 공표한 순간부터 인수 지원을 시작한다. 대통령직 인수와 관련된 사무실, 직원 및 기타 서비스에 예산이 지원된다. 연방수사국 FBI은 신임 대통령을 위한 경호 계획을 준비하고 각 부처는 대통령 브리핑을 준비한다.

새 정부의 얼굴이 될 주요 인선 역시 인수위의 핵심 업무다. 미국에 새 정부가 들어서면 약 4000명의 인선을 새로 해야 한다. 그중 1250명은 상원의 인준까지 받아야 한다. 백악관 참모를 포함한 주요 인사들은 FBI에서 까다로운 신원 조회 및 검증을 거친다. 이때 병목현상이 가장 심각하다. 몰아치는 인수위의 실무에 빈틈이 생기면 국가 안보에 큰 허점이 생긴다. 조지 W. 부시 정부는 대선 재검표 논란으로 본래 최장 78일인 인수인계 기간이 39일로 단축됐다. 훗날 9·11 위원회는 부시 대통령이 인수위를 제대로 갖추지 못한 것을 9·11 테러의 원인 중 하나로 지목했다.

부시는 자신이 겪은 시행착오를 교훈 삼아 대선 전부터 정권 이양을 준비했고, 후임 버락 오바마는 이를 더 발전시켰다. 그 결과, 2010년 개정안은 대통령 당선 이전에도 유력 후보들이 인수 준비활동을 할 수 있도록 했다. 개정안에 따르면 양당 대선 후보는 당내 지명을 받으면 국가 안보 기밀 브리핑을 받는다. 또한 현 정부가 선거일에 앞서 인계 계획을 세우고 담당 공무원을 지정하도록 했다. 공무원들은 정권 교체에 필요한 작업을 하도록 정치적 간섭으로부터 보호받는다. 2020~2021년 혼란스러운 인수 과정 중에도 백악관 참모들은 선거 이전부터 묵묵히 법이 정한 일들을 해나갔다.

인수위는 '첫 100일'을 결정짓는 캠페인이다

인수위는 실무적 인수인계를 넘어 대통령 당선인과 임명 인사들의 새로운 리더십을 정의하는 모멘텀이 됐다. 당선 초기에는 당선인에게 모든 눈과 귀가 쏠린다. 새 정부의 핵심 정체성과 앞으로 하고자 하는 바를 국민들에게 알릴 절호의 기회다.

미국의 당선인들은 인수위 기간을 뾰족한 커뮤니케이션의 시기로 활용하기 시작했다. 초기 메시지는 정부의 인상을 결정한다. 만들고 싶은 '첫인상'을 선제적으로 준비하지 않으면 언론과 야당이 새 정부를 먼저 규정한다.

가장 모범적인 인수위로 꼽히는 오바마의 인수위 당시, 오바마는 당선인 신분으로 매일같이 기자회견을 했다. 오바마 정부를 상징할 내각 인선을 발표하면서 인선 배경을 직접 설명했다. 인선 발표를 위한 기자회견을 활용해 새 정부의 핵심 정책과 국정 운영 방안도 홍보했다. 당시에는 새로운 기술이었던 빅데이터와 소셜미디어도 적극 활용했다. 인수위의 커뮤니케이션은 오바마를 정의하는 캠프 슬로건 '변화Change'를 정권의 '첫인상'으로 안착시켰다.

2008년 인수위 '오바마-바이든 프로젝트'를 함께했던 조 바이든 역시 인수위 기간부터 '첫 100일'까지 계획된 커뮤니케이션을 했다. 인선과 팀 빌딩은 공식 발표뿐 아니라 인수위 소셜미디어에 영상과 글로 설명되었다. 각 부서가 이루고자 하는 목표도 포스트에 담겼다. 인사는 상징적이었다. 정책 우선순위는 어디서든 보일 수 있도록 했다. 첫날의 상징적 액션으로 바이든 인수위가 새로운 시대를 열 준비가 됐음을 보여주었다.

인수위는 뉴노멀에 대비해야 한다

———

미국은 도널드 트럼프 시기를 계기로 인수위 자체가 예측 가능하지 않고 큰 잡음이 생길 수 있다는 새로운 교훈을 얻었다.

2020~2021년 인수인계는 재선을 노린 현직 대통령이 승리한 경쟁자의 인수 계획을 방해하고 지원하지 않을 수 있음을 보여주었다. 트럼프는 선거 결과에 불복하며 예산 지원과 행정 부처 보고를 지연시켰다. 트럼프의 태도는 현행법이 인수위를 고도로 제도화했음에도 여전히 인수 과정이 규범과 선의에 맡겨져 있음을 보여주었다. 전통만으로는 첫날부터 원활한 차기 행정부의 거버넌스를 보장할 수 없었다.

바이든은 비상사태에 대비한 인수위 계획으로 팬데믹, 의회 점령 사태와 트럼프의 선거 불복을 극복하고 평화로운 정권 이양을 이뤄냈다. '온전한 정권 인수 프로젝트Transition Integrity Project, TIP'가 이 과정을 도왔다. TIP는 전례 없는 2020~2021

인수위를 대비하기 위해 꾸려진 단기 프로젝트였다. '트럼프 정부가 2020년 대선과 인수 과정을 조작, 무시, 훼손, 방해하려 할 수 있다'는 우려에서 출발했다.

조지타운대학 법학 교수이자 전직 국방부 고위 관리인 로사 브룩스와 버클리대학 부총장이자 역사학자인 닐스 길먼이 중심이 되어 2020년 6월부터 연구를 시작했다. 양당을 망라한 전현직 정부 고위 관료 및 실무자, 선거운동 전략가, 학계, 언론인, 여론조사 전문가 등 100명 이상이 참여했다. 이들은 선거 이후에 벌어질 만일의 사태에 대비해 정치 시나리오 연습(워 게임)을 진행해 보고서를 발간했다. 결과를 바이든-해리스 인수위에 브리핑하고 이들이 혼란스러운 인수 과정을 미리 대비할 수 있도록 했다.

'대통령직 인수를 위한 센터'와 보스턴 컨설팅 그룹BCG는 공동 발간한 인수위 보고서에서 사이버 안보 위험, 타국의 정치 간섭 행위 및 정치적 양극화 등으로 만일의 사태에 대비한 계획contingency plan이 미래의 인수위에서 더욱 중요해질 것으로 내다봤다.

이제 인수위는 준비되어야 할 뿐 아니라 대비되어야 한다.

인수위를 돕는 옵서버

미국 정권 인수 과정에서 특징적인 점은 민관이 유기적으로 협력하는 체제가 자리 잡혀 있다는 것이다. 빈틈없는 인수위를 위해 인수위 전문 싱크탱크와 NPO들은 브리핑 및 조언, 사후 연구를 한다. 인수위에 직접 정책팀으로 들어가는 일도 많다. 이들 옵서버들은 전 정부의 교훈을 기록해 다음 정부를 돕는 역할을 한다. 대표적 인수위 전문 싱크탱크와 NPO는 다음과 같다.

1. 대통령직 인수를 위한 센터Center for Presidential Transition

민간 비영리단체 '공직을 위한 파트너십The Partnership for Public Service'이 2016년 설립한 인수위 전문 지원센터. 대통령 후보들과 인수위 팀의 원활한 인수 과정을 지원하는 초당파적 모임. 학자, 전직 정치 관료, 전직 백악관 공무원 등이 포함되어 있다. 백악관 참모와 후보자들에게 인수인계의 실행 방법을 제공한다. 트럼프도 이 센터의 브리핑을 받았다, 바이든-해리스 인수위에도 깊이 관여했다.

2. 백악관 인수인계 프로젝트White House Transition Project

1999년 시작된 초당파적 NPO. 특히 신입 백악관 직원들이 참고할 수 있는 구체적 업무 정보가 전문이다. 조지 W. 부시 대통령의 선거 전 인수 준비를 맡았던 클레이 존슨과 긴밀히 협업하며 부시 인수위에 브리핑하는 등 깊이 관여했다. 비서실장 20명, 국가안보 보좌관 23명, 퍼스트레이디 비서관 28명, 공보 비서 30명 등을 인터뷰해 펴낸 보고서 '백악관 에세이'가 유명하다. 지미 카터부터 버락 오바마까지 백악관 조직도도 모두 갖고 있다.

3. 브루킹스연구소

공공정책·국제관계 분야 권위를 자랑하는 미국의 대표적 싱크탱크. 미국 정치와 정부에 관한 심도 있는 분석을 내놓는다. 『이제 무얼 해야 하나?』의 저자 스티븐 헤스가 이곳의 명예 연구원이다. 대통령직 연구에 정통한 '밀러 센터' '백악관 인수인계 프로젝트' '대통령직 인수를 위한 센터'에서 모두 활동하는 캐스린 던 텐파스도 브루킹스 연구소 연구원이다. 매 인수위

마다 학자들의 분석이 담긴 시리즈 리포트를 내며 자문뿐 아니라 정책팀으로 직접 참여할 때도 많다.

4. 매킨제이, 딜로이트, 보스턴 컨설팅 그룹BCG 등 컨설팅 회사

컨설팅 회사들 역시 미국 인수위 연구의 적지 않은 부분을 차지한다. 리더십, 공공정책과 조직, 커뮤니케이션 연구 등의 다양한 측면에서 인수위를 연구한다. 역사적 자료보다는 시의성, 인사이트와 조언을 중심으로 한다. 보다 대중적인 리포트를 발간하고 팟캐스트도 진행한다. 인수위를 연구하는 다른 조직과의 유연한 협업도 눈에 띈다.

5. 버지니아대학 밀러센터UVA Miller Center

대통령직Presidency 연구에서 미국 최고 권위를 갖고 있다. 존 F. 케네디, 린든 존슨 등 과거 대통령의 인수위에 대한 독보적 사료를 보유하고 있다. 에세이, 기밀 백악관 테이프, 대통령 구술 사료, 연설 등 희귀한 음성·영상 자료 등을 다양하게 확보하고 있다.

밀러센터는 2016년 워싱턴 정계 인사, 전 백악관 공무원 등 200명이 직접 참여한 보고서 『첫 1년 프로젝트One Year Project』를 발간했다. 이는 2017년 트럼프 행정부에 보고되었다. 일례로, '첫 1년 자문위원회First Year

Advisory Council'는 조지 W. 부시 정부 국방부차관인 에릭 에덜먼, 빌 클린턴의 비서실장 토머스 맥라티, 로널드 레이건의 비서실장 케네스 듀버스틴, 버락 오바마의 국가안보보좌관 토머스 도닐런이 포함되었다.

Case 1.

가장 짧았던 부시 인수위

2000년 11월 7일 조지 W. 부시와 앨 고어가 맞붙은 대선은 재검표와 소송으로 12월 12일에야 부시의 당선이 확정됐다. 그러나 부시 팀은 2000년 8월에 이미 비서실장을 내정하고 인수위 계획을 시작했다. 주지사 시절 비서실장인 클레이 존슨이 선거 전 인수위 준비를 맡았다.

GSA는 최종 승자가 나올 때까지 어떤 지원도 하지 않겠다고 밝혔다. 그러나 부시는 자체적으로 인수인계 작업을 해나갔다. 오히려 소송 기간 내내 공개적이고 적극적인 인수위 활동을 펼쳐 고어를 압박했다. 당선이 확정되었을 때 부시 인수팀에는 이미 75명이 일하고 있었다.

부시는 당선이 확정된 지 사흘 후인 12월 15일 정책팀과 자문팀을 발표했다. 인수위 위원장은 부통령 당선인 딕 체니가 맡았다. 부통령이 인수위팀을 이끈 건 이례적이었다. 체니는 국방부 장관 시절 참모와 측근을 중심으로 팀을 구성했다.

부시의 공식 인수위 기간은 기존 최장 78일에서 39일로 단축돼 역사상 가장 짧았다. 부시의 인수위 팀에게 주어진 시간이 5주 정도였다. 부시 정부는 인선에 가장 큰 어려움을 겪었다. FBI가 예비 후보자들의 신원 조회와 검증을 하는 과정이 크게 지연됐다. 존슨은 훗날 인터뷰에서 재검표 논란으로 부시 인수위가 하나의 팀으로 돌아가는 데 어려움을 겪었다고 회상했다.

후과는 예상보다 컸다. 2011년 9·11 테러 당일까지 국가 안보를 맡는 많은 자리가 공석이었다. 국방부, 법무부, 국무부에서 상원 인준이 필요한 상위 123개 직책 중 57퍼센트만 채워져 있었다. 부시 정부는 9·11 테러가 발생하기 두 달 전에야 정상적으로 돌아가기 시작했다.

9·11 테러 이후 부시 주요 국가 안보직은 신속한 검증을 보장하도록 법이 개정됐다. 취임식 전까지 국가 안보직 명단을 제출하고 인수위 지명 이후 30일 내 상원이 투표하도록 권장했다. 부시가 겪은 시행착오는 큰 교훈을 남겼고 이후 역사상 가장 매끄러운 정권 인수의 모범적 선례를 만들었다.

Case 2.

오바마 인수위, 정치가 아닌 정책이 되다

 2008~2009년 조지 W. 부시와 버락 오바마 간 정권 인수 과정은 가장 성공적인 모델로 꼽힌다. 경제위기와 테러 위협 속에서 부시 정부와 오바마 인수위는 초당적으로 협업했다.

 인수인계 과정에서 현 정권이 어떻게 협조하는지는 차기 정부팀이 무엇을 할지만큼 중요하다. 정권 교체 여부와 상관없이 부시는 일찌감치 정권을 넘겨줄 준비에 들어갔다. 대선 후보가 정해지지도 않은 2008년 4월 비서실장 존 볼턴에게 백악관이 직접 나서 인수 과정을 챙기도록 지시했다. 각 부처의 준비

• 대선 다음날 만난 부시와 오바마 ⓒ미국 대통령실

상황까지 직접 체크하고 양당 후보 브리핑 등이 어떠한 이유로든 중단되지 않도록 했다. FBI에 인사 검증 시간을 단축하라고 지시하고 인사관리국에 검증 업무를 분담시켰다. 부시는 "인수인계를 최대한 원활히 하는 것이 저의 남은 임기 동안 최우선 과제"라고 선언했다. 경제위기와 테러 위협에 맞서 싸워야 하는 시점에 "모두가 차기 대통령과 그의 팀이 순조롭게 적응할 수 있도록 힘써야 한다"고 강조했다.

당선 확정 바로 다음 날, 오바마는 부시의 승인으로 국가정보국ODNI 국장과 중앙정보국CIA 국장으로부터 첫 대통령 기밀 정보 브리핑을 받았다. 11월 10일에는 오바마는 백악관에서 부시를 방문했다. 행크 폴슨 재무장관은 오바마와 정기적으로 만나 경제위기 상황을 공유하고 조언했다. 부시 정부의 정보당국은 11월 21일부터 1월 6일까지 오바마 팀에 20회가 넘는 브리핑을 제공했다. 오바마의 취임을 2주 앞둔 2009년 1월 7일에는 백악관 대통령 집무실에서 현직 대통령과 당선인, 조지 H. W. 부시, 빌 클린턴, 지미 카터 등 전직 대통령이 함께 만났다.

오바마는 한발 더 나아가 인수위를 단순한 정치과정이 아닌, 정례화되고 체계화된 정책과정으로 탈바꿈시켰다. 오바마 인수위는 선거운동이 한창일 때 이미 인수위 구성을 마쳤다. 빌 클린턴의 백악관 비서실장 존 포데스타, 오바마의 측근 밸러리 재럿, 전 상원의원 톰 대시가 인수위 공동위원장을 맡았다.

GSA가 오바마 당선을 확정한 11월 5일 오바마는 이미 준비한 인수위 팀 전체 명단을 발표했다. 토머스 도닐런과 웬디 셔먼이 국무부 인수인계를 감독했다. 존 P. 화이트와 미셸 플러노이는 국방부의 인수인계를 주도했다. 같은 날 오바마 인수위 공식 웹사이트(change.gov)가 열렸다. 오바마는 거의 매일 기자회견을 열어 인선을 발표했다. 지명자를 소개하고, 경제위기와 아프가니스탄 전쟁 등의 주요 이슈에 관한 언론의 질문에 답했다. 부시 정부의 적극적인 지원과 체계적인 오바마 인수위는 정파적 입장을 제쳐두고 위기를 함께 관리해나가는 성숙한 정치의 모습을 보여주었다.

오바마는 부시로부터 물려받은 '인수위 유산'을 더 발전시켜 안정적인 정권 이양을 법으로 제도화했다. 2010년 대통령직인수법을 개정해 대선 후보와 현 정부가 대선 이전에도 인수인계 준비를 할 수 있도록 했다. 2011년에는 대통령 임명 효율화 및 합리화법을 통해 상원이 인준할 직책을 줄였다. 2016년에는 대통령직 인수인계법 개정안에 서명해 현 정부가 늦어도 선거 6개월 전까지 백악관 인수조정협의회White House Transition Coordinating Council와 기관별 인수책임자협의회Agency Transition Directors Council를 설치하도록 했다.

Case 3.

인수위를 부정한 트럼프 인수위

2016년 4월 도널드 트럼프 대선 팀은 다른 공화당 후보 측과 함께 '대통령직 인수를 위한 센터'로부터 정권 인수에 대한 브리핑을 받았다. 트럼프의 사위 재러드 쿠슈너는 인수팀을 구성하기 위해 움직였다. 5월 10일 뉴저지 주지사 크리스 크리스티가 인수위 위원장을 맡기로 정해졌다.

그러나 주요 부처 인수 계획을 검토하는 첫 모임에 트럼프 인수팀은 불참했다. 백악관 비서실장 데니스 맥도너는 크리스 크리스티와 인수인계 절차를 전화로 논의했다. 8월 첫 주에는 트럼프의 인수위 사무실이 공식적으로 문을 열었다.

크리스 크리스티는 짐 베이커, 앤디 카드, 크리스 리들 등 공화당 정권 인수 거물들에게 조언을 구했다. 전문가들은 트럼프의 특성상 어느 때보다 상세한 계획이 필요하다고 역설했다. 크리스티는 100일, 200일 계획 로드맵을 작성하고 각 분야 전문가를 모았다. 캠페인 관계자, 기업, 비영리단체로부터 추천을 받아 인선 명단을 작성했다.

대선 당일인 11월 8일 오바마 대통령과 트럼프 당선인은 처음 전화로 대화를 나눴다. 11월 9일 당선이 확정되자 인수위 웹사이트(greatagain.gov)가 개설되었다. 11월 10일 오바마는 백악관으로 트럼프를 초청했다. 오바마 대통령과 트럼프 당선인은 대통령 집무실에서 공동 기자회견을 가졌다.

그러나 11월 11일, 트럼프는 크리스티를 인수위원장 자리에서 해임했다. 크리스티와 가까운 인수위원들이 빠르게 퇴출됐다. 이를 두고 NBC는 "스탈린식 숙청"이라고 불렀다. 크리스티가 준비한 인수 계획도 백지화됐다. 인수위원장이 중도하차하면서 인수위는 시작부터 삐걱거렸다. 부통령 당선인 마이크 펜스가 새롭게 인수위원장을 맡았지만 트럼프 인수위는 내내 '혼란'으로 규정됐다.

트럼프는 쿠슈너가 대통령 일일 브리핑에 참석하게 했다. 딸 이방카 트럼프도 국무부 브리핑에 참석했다. 전현직 국무부 관료들의 반발이 거셌다. 이방카 부부와 아들 에릭은 인수위 집행위원에도 이름을 올렸다. 트럼프 행정부는 취임 후 4월이 되도록 국가 안보 요직을 비롯해 상원 인준이 필요한 인선을 심각하게 지연해 지탄받았다. 퇴임할 때까지 트럼프 행정부의 많은 직책은 공석이었다.

연방통신위원회FCC 위원장을 지낸 민주당 출신 톰 휠러는 브루킹스연구소에 기고한 글에서 "2016~2017년 트럼프 인수위는 지연된 정권 인수는 부정된 정권 인수와 다름없다는 것을 보여줬다"고 평했다.

부록

바이든 첫 한 달 행정명령 (2월 20일 기준, 서명순)

	분류	제목	서명일	비고
1	차별(인종)	연방정부를 통한 인종 평등 향상과 소외지역 지원	2021. 01.20	
2	이민	인구 통계의 적법하고 정확한 집계와 배분의 보장		인구조사에서 비시민권자 제외한 트럼프 정부 정책 취소
3	코로나19, 미국의 국제적 위상 회복, 거버넌스	코로나19에 대한 총체적이고 효과적인 대응과 글로벌 보건 및 안보에 대한 리더십을 제공하기 위해 미국 정부를 조직 및 동원		
4	차별(성)	성 정체성이나 성적 지향에 따른 차별의 예방과 철폐		
5	거버넌스	행정 부서 인력의 윤리 의무		
6	기후변화	기후위기 극복을 위한 공중보건, 환경보호 및 과학의 복원		
7	코로나19	연방 인력 보호 및 마스크 착용 요구		모든 연방 소속 건물과 토지에서 마스크를 착용하고 사회적 거리를 유지할 것

8	거버넌스, 코로나19, 경제위기, 차별(인종) 기후변화	연방 규정에 관한 특정 행정명령의 취소	2021. 01.20	트럼프 행정명령 6가지 폐지 '규제 절감과 규제비용 관리 (2017)''규제개혁안건 시행 (2019)''연방자문위원회 효용성 평가 및 개선(2019)''기관지도서 개선을 통한 법치주의 촉진(2019)''민간행정 집행과 판결의 투명성과 공정성을 통한 법치주의 촉진(2019)''행정 PAYGO 부활을 통해 행정 집행 정부책임성 제고(2019)'폐지
9	이민	이민시행정책과 우선순위 개정		
10	코로나19	코로나19 및 향후 공중 보건 위협에 대한 데이터 중심 대응 보장	2021. 01.21	
11	코로나19	공정한 전염병 대응 및 회복 보장		
12	코로나19	코로나19 진단검사 위원회 설치 및 기타 생물학적 위험에 대한 지속 가능한 공중 보건 인력 확보		
13	코로나19	코로나19에 대한 관리 및 치료 접근성 개선 및 확대		
14	코로나19	코로나19 관련 국내외 여행의 안전 증진		
15	코로나19	근로자 건강과 안전 보장		
16	코로나19	학교 및 유아교육 기관의 운영 재개 및 지속적 운영 지원		
17	코로나19	지속 가능한 공중보건 공급망		

18	코로나19, 경제	코로나19 팬데믹과 관련된 경제 구제	2021. 01.22	
19	거버넌스	연방 인력 보호		트럼프 행정부의 단체교섭 제한 및 직원 해고와 징계 완화 조치 폐지, 연방기관 공직자들의 해고 유연성을 강화한 '스케줄F' 폐지
20	차별(성)	모든 자격을 갖춘 미국인이 제복을 입고 국가에 봉사할 수 있는 권리 강화	2021. 01.25	성전환자의 군복무를 금지한 트럼프 행정부의 2017년, 2018년 행정명령 폐지
21	경제	모든 미국의 노동자에 의해 미국 전역에서 미국의 미래가 만들어지도록 보장하기		미국 저임금 노동자를 위한 식량 지원 및 정부 고용자 최저임금을 시간당 15달러로 인상
22	차별(형사)	민간형사구치소 의존도를 축소하는 수감체계 개편	2021. 01.26	재활과 교정 중심의 수강시설 및 교정체계 구축. 민간 운영 구금시설의 의존도 축소
23	기술	대통령 과학기술자문위원회 (President's Council of Advisors on Science and Technology, PCAST) 설립	2021. 01.27	트럼프 정부 과학기술자문위원회 행정명령 폐지
24	기후변화	국내외 기후위기 정책 강화		기후정상회의, G7, G20 등 광범위한 국제포럼에서 기후위기 관련 목표를 최우선순위로 통합. 개발도상국을 돕기 위한 다자채널을 활용하는 '기후재정 계획' 개발

25	보건	의료비 지원과 건강보험 개혁법 강화	2021.01.28	건강보험개혁법Affordable Car Act 강화
26	이민	망명 신청자에게 안전하고 질서 있는 프로세스 제공, 이주 원인 논의와 종합적인 지역 프레임워크 구축	2021.02.02	
27	이민	이산가족 재결합을 위한 범기관 태스크포스 설치		
28	이민	미국 이민제도의 신뢰 회복과 새로운 미국인들 통합 및 포용의 강화		
29	이민	난민들의 재정착을 위한 프로그램 재건설, 강화 및 이민에 대한 기후위기의 영향 계획	2021.02.04	
30	외교, 인권	미얀마 군부의 미국 내 재산 접근 금지	2021.02.11	
31	통합 (종교, 지역)	다양한 종교 지도자와의 협력 구축 백악관 사무소 설립	2021.02.14	백악관 내 다양한 종교를 포괄하는 사무소 설립. 위기 상황에서 커뮤니티를 치유·재건하는 파트너십 체결

바이든 첫 한 달 포고 (2월 20일 기준)

	분류	제목	서명일	비고
1	통합	통합의 날	2021.01.20	"통합을 통해 우리는 생명을 구할 수 있고 팬데믹을 이겨낼 수 있습니다. 우리는 경제를 더 낫게 재건할 수 있고 모두를 포용할 수 있습니다. 우리는 잘못을 바로잡을 수 있고 제도적 인종차별을 뿌리 뽑을 수 있습니다. 우리는 미국의 일자리와 능력으로 기후위기에 맞설 수 있습니다. 서로를 적이 아닌 동료로 봄으로써 우리의 민주주의를 지킬 수 있습니다. 우리는 통합을 통해 단순한 힘의 본보기가 아니라 본보기가 되는 힘으로 이끄는 것을 세계에 보여줄 수 있습니다. 미국 헌법과 법률에 의해, 2021년 1월 20일 통합의 날을 선포하고 우리 국가의 사람들이 함께 모여 우리 민주주의의 다음 이야기, 품위와 존엄, 사랑과 치유, 위대함과 선함에 대한 이야기를 쓸 것을 요청합니다."
2	이민	차별적인 입국 금지 종료		
3	이민	미국 남부 국경 비상사태 종료와 국경 장벽 건설 재원 조정		

4	코로나19, 이민	코로나19 감염 위험이 있는 이민자, 입국자 일시 입국 금지	2021. 01.25	
5		미국의 알루미늄 수입 조정	2021. 02.01	
6		2021 미국 심장의 달	2021. 02.03	
7		2021 흑인 역사의 달		
8		2021 청소년 데이트 폭력 인식 제고와 예방의 달		

바이든 첫 한 달 대통령 각서 (2월 20일 기준)

	제목	분류	서명일
1	미성년 입국자 추방유예조치(DACA) 유지 및 강화	이민	
2	라이베리아인 추방 유예를 재도입	이민	2021.01.20
3	규제 검토 현대화	거버넌스	
4	코로나19에 대응하기 위한 주지사의 국가방위군 사용에 연방 지원 확대 및 주 정부에 제공되는 보상 및 기타 지원을 강화하기 위한 각서	코로나19	2021.01.21
5	미국 내 아시아계 및 태평양 섬 주민에 대한 인종 차별, 제노포비아, 편견 규탄 및 철폐	차별	
6	미국 국가와 연방정부의 차별적 주택 관행과 정책 역사를 바로잡기 위한 연구	경제, 거버넌스	2021.01.26
7	부족간 협의 및 국가 간 관계 강화	통합	
8	연방재난관리청 지원 최대화	코로나19	2021.02.02
미발표	미국의 대외정책과 국가안보 인력, 기관 및 협력관계 활성화	외교안보	미발표
미발표	전 세계 레즈비언, 게이, 양성애자, 트랜스젠더, 퀴어, 인터섹슈얼들의 인권 증진	차별문제	미발표

바이든 첫 한 달 외부일정 (2월 20일 기준)

날짜	방문 장소	장면	비고
2021.01.20	버지니아 알링턴	해리스 부통령과 클린턴, 부시, 오바마 전 대통령과 함께 취임 후 알링턴 국립묘지 무명군인 묘역에 헌화	관례
2021.01.29	메릴랜드 베세즈다	월터리드 국립 군사 의료센터 방문, 부상병 위문	첫 비공식 외부 일정이자 첫 마린원(대통령 전용 헬기) 탑승. 월터리드는 30년 전 바이든 이뇌동맥류 투병 당시 입원했던 병원. 2015년에는 주방위군 소령이었던 아들 보 바이든이 이라크에서 돌아온 후 뇌암 투병을 했던 곳
2021.02.05- 2021.02.08	델라웨어 그린빌	주말 동안 델라웨어 사저 방문. 가족들과 집에서 슈퍼볼 시청. 일요일 미사 참석	첫 에어포스원 탑승 일정
2021.02.10	버지니아 알링턴	해리스 부통령과 국방부 펜타곤 방문	
2021.02.11	메릴랜드 베세즈다	국립보건원 본부 방문	
2021.02.16	위스콘신 밀워키	팹스트 극장에서 열린 CNN 타운홀 미팅 참여 앤더슨 쿠퍼 진행	대통령 공식 첫 순방
2021.02.19	미시간 포티지	화이자 코로나19 백신 제조 시설 방문	

참고 자료

1. 바이든-해리스 인수위 팀 페이스북:https://www.facebook.com/Transition46/
 – 장관 지명자들의 인터뷰, 백악관 핵심 스태프 인선 공고, 바이든 인수위 당시 발언 자료
 – 바이든이 직접 '왜 그 사람에게 해당 직책을 제안했는지' 영상으로 설명
2. 이경은, 『대통령의 성공, 취임 전에 결정된다』, 중앙books, 2012
3. 도리스 컨스 굿윈, 『혼돈의 시대 리더의 탄생』, Connecting, 2020
4. 마이클 왓킨스, 『90일 안에 장악하라』, 동녘사이언스, 2004
5. Stephen, H. Hess(2008), *What Do We Do Now?*, Brookings Institution Press
6. 바이든 인수위 초기 대응 평가: Elaine Kamarck, Lisa Brown, Katheryn Dunn Tenpas and John Hudak(2020, December 14), Presidential transition process: Understanding the obligations, obstacles and urgency(Online), The Brookings Institution
   https://www.brookings.edu/wp-content/uploads/2020/12/gs_2020 1214_presidential_transition_transcript.pdf
7. 테드 코프먼: Alex Thompson(2020, Oct 29),The man who created the modern presidential transition now faces an extraordinary one, Politico
   https://www.politico.com/news/2020/10/29/ted-kaufman-biden-transition-433623
8. '첫 100일' 조언: Scott Blackburn, Anita Dutta et al.(2021, Jan 21),Navi-

gating the first 100 days: Lessons from former US cabinet members, Mckinsey & Company

https://www.mckinsey.com/industries/public-and-social-sector/our-insights/navigating-the-first-100-days-lessons-from-former-us-cabinet-members

9. 인선 지명자들을 위한 조언: Tamara Cofman Wittes(2021, Jan 19), Advice for new appointees to consider as they enter the Biden administration, The Brookings Institution.

https://www.brookings.edu/blog/order-from-chaos/2021/01/19/advice-for-new-appointees-to-consider-as-they-enter-the-biden-administration/

10. 백악관 참모 업무구조와 특징 열 가지: Martha Joynt Kumar, White House Staff And Organization: Ten Observations, White House Transition Project

https://whitehousetransitionproject.org/wp-content/uploads/2020/10/WHTP2021-10-Ten-Observations-on-WH-Staff.pdf

11. 대통령 리더십의 잠재력 보고서: George C. Edwards III, The Potential For Presidential Leadership(Online Report), White House Transition Project

https://whitehousetransitionproject.org/wp-content/uploads/2020/10/WHTP2021-08-Potential-of-Presidential-Leadership.pdf

12. 정부 평가팀의 의의: David Marchick and Lisa Brown(2020, Sep 20), The art of agency review during a presidential transition(podcast), Center for Presidential Transition

https://presidentialtransition.org/blog/agency-review-presidential-transition/

13. 취임식 준비: How Joe Biden's inauguration will be different from previous years, abc News.

https://abcn.ws/3ifzAYV

14. 취임식의 역사와 전통: The Presidential Inauguration: An American Tradition, The White House History Association https://www.whitehousehistory.org/videos/the-presidential-inaugura-tion-an-american-tradition

15. 바이든 정부 다양성: Maddy Simpson(2021, Feb 6), Joe Biden said his Cabinet would be 'the most diverse in history.' We ran the numbers on 7 different metrics to see how diverse his staff really is., Business Insider

https://www.businessinsider.com/joe-biden-cabinet-diversity-analy-sis-2021-1

16. 행정명령, 선언, 각서 차이: Gregory Korte(2017 oct 12), The executive action toolbox: How presidents use proclamations, executive orders and memoranda, USA Today.

https://www.usatoday.com/story/news/politics/2017/10/12/how-pres-idents-use-proclamations-executive-orders-and-presidential-memo-randa/702751001/

17. 2월 16일 CNN 타운홀 미팅 바이든 발언: The White House, Remarks by President Biden in a CNN Town Hall with Anderson Cooper

https://www.whitehouse.gov/briefing-room/speeches-remarks/2021/02/17/remarks-by-president-biden-in-a-cnn-town-hall-with-ander-son-cooper/

의의: Alana Abramson and Brian Bennett(2021, Feb 17), "Why President Biden's First Major Trips Are to Sell His Relief Plan in Battle-ground States," *TIME*

https://time.com/5940263/president-biden-relief-plan-battle-ground-states/

18. 바이든의 통합 행보: Alexander Bolton(2021, Feb 23), Biden's unity ef-fort falters, The Hill.

https://thehill.com/homenews/senate/539971-bidens-unity-effort-fal-ters

19. 바이든 초기 해외 정상 통화: Dave Lawler(2021 Feb 19), What to make of the Biden administration's first overseas calls, Axios

https://www.axios.com/world-leaders-biden-call-israel-saudi-

37f752c9-299a-4854-b260-ed72895b4e4f.html

20. 집무실: Annie Linskey(2021. Jan 21), "A look inside Biden's Oval Office," *The Washington Post*

https://www.washingtonpost.com/politics/2021/ 01/20/biden-oval-office/

21. 바이든 내각 상원 투표 결과: Beatrice Jin, Allan James Vestal, Emily Cadei and Andrew McGill(2021 Feb 5), Joe Biden's Cabinet: Who's in, and who voted against them. Politico.

https://www.politico.com/interactives/2021/joe-biden-cabinet-members-confirmations-list/

바이든의 첫 100일

ⓒ 김민하, 유민영, 이인숙

초판인쇄 2022년 4월 8일
초판발행 2022년 4월 15일

지은이   김민하 유민영 이인숙
기 획   플랫폼 9와 3/4·안목
펴낸이   강성민
편집장   이은혜
마케팅   정민호 이숙재 김도윤 한민아 정진아 이가을 우상욱 정유선
브랜딩   함유지 김희숙 정승민
제작   강신은 김동욱 임현식

펴낸곳   (주)글항아리 | 출판등록 2009년 1월 19일 제406-2009-000002호
주소   10881 경기도 파주시 회동길 210

전자우편 bookpot@hanmail.net
전화번호 031-955-2696(마케팅) 031-955-2682(편집부)
팩스   031-955-2557

ISBN   979-11-6909-006-3 03340

www.geulhangari.com